Waltraud Tschurtschenthaler

Wallys Kuchenzauber

Himmlische Rezepte von Südtirols leidenschaftlicher Kuchenbäckerin

ATHESIA VERLAG

Rezeptübersicht

Liebe Backfeen und solche, die es noch werden wollen!

Mein Name ist Waltraud, aber alle nennen mich Wally. Seit 29 Jahren führen mein Mann Norbert und ich das Pyramidencafé in Oberwielenbach bei Percha im Pustertal. Ich bin für Torten und Speisen zuständig, Norbert für den Service. Zwischendurch husche ich aus meinem Refugium, der Küche, und bequatsche meine Gäste – das tut allen gut. Unsere Gäste sind seit Jahren der Meinung, meine Kuchen und Torten seien die besten. Mit dieser enormen Motivation habe ich 2016 mein erstes Backbuch „Back dich glücklich" herausgegeben. Für die wunderbaren Fotos und das Styling des Buches war Sara Italiano verantwortlich. Meine liebe Tochter Nadia hat das Ganze grafisch in Szene gesetzt und das Team vom Verlag Athesia hat dieses Meisterwerk auf den Markt gebracht. Ich träumte von einem mäßigen Erfolg des Buches; dass es aber einen Backboom in Südtirol auslösen und ein Bestseller werden könnte, daran wagte ich nicht zu denken.
Die Buchhandlung Athesia überreichte mir am 22. März 2016 das erste Exemplar, frisch von der Druckerei. Emotionen begleiteten mich, waren es doch meine Rezepte, wunderschön verpackt in einem Buch. Für jemanden, der sein halbes Leben vor dem Backrohr stand, etwas ganz Großes.
Am 30. März wurde mein Erstlingswerk bei uns im Lokal vorgestellt. Zu unserem Erstaunen kamen so viele Leute, dass unser kleines Lokal aus allen Nähten zu platzen drohte. Alle waren begeistert: vom Kuchenbuffet und von der halb verrückten Autorin, die ihr Bestes gab. Günther, ein Schulkollege und Musiker, spielte Saxofon in der letzten freien Ecke des Lokals. Ich durfte zahlreiche Exemplare signieren – und wer mich kennt, weiß, dass es leicht zu Flüchtigkeitsfehlern kommen kann. Benebelt von diesem großen Tag, Günthers milden Klängen am Sax, der Wärme, die die vielen netten Menschen ausstrahlten, schrieb ich Uschi, meiner Friseurin, doch glatt ins Buch: „Viel Spaß beim Nachbarn", anstatt viel Spaß beim Nachbacken. Sie hat es mir verziehen, und es gab viel Gelächter.
Es folgten landauf, landab zahlreiche Buchvorstellungen in Buchhandlungen und Bibliotheken. Da ich ja keine preisgekrönte Schriftstellerin bin, brachte ich immer etwa zehn Torten als Kostproben mit. Das machte natürlich mächtig Eindruck bei meinem Publikum. Ich durfte in eine zweite Haut schlüpfen, raus aus meiner Küchenschürze und ab zu den Buchvorstellungen. Zudem bekam ich sehr viel Post, unzählige Mails, Anrufe und Facebook-Nachrichten von Backfans und Backneulingen, die durch mein Buch die ersten erfolgreichen Backerlebnisse verzeichnen konnten.
Auch meine Anekdoten kamen gut an. Eine Frau aus dem Ahrntal radelte mit dem E-Bike zu uns und sagte: „Wally, Komplimente für das Buch und die netten Geschichten! Meine Schwiegertochter hat mir heute ein leeres Heft mit der Aufschrift ‚Oma schreib auf' geschenkt." Das würde ich übrigens jedem Menschen raten: Schreiben Sie sich nette Episoden auf.
Der Gedanke, dass so viele Backfans nun auch meine Rezepte umsetzen, ist das Größte für mich und ich sehe es als kleine Belohnung für die viele Arbeit am Herd und Ofen. Ich danke jedem, der sich seit März 2016 mit meinem Buch glücklich bäckt. Dies war für mich ein Auftrag, weitere Kuchenrezepte aus meiner Sammlung preiszugeben.

An dieser Stelle nun ein herzliches Dankeschön meiner Freundin und Namenskollegin Waltraud, die mich zu so mancher Buchvorstellung kutschierte,

mir bei meinen irrwitzigen Vorträgen zum Thema Kuchen und Backen beistand und anschließend noch beim Kuchenbuffet aushalf. Großen Dank an meinen Mann Norbert, für seine Geduld und dafür, dass er mich darin bestärkt hat, dieses zweite Backbuch zu schreiben. Unser Betriebsleben wurde im letzten Jahr leicht durchgerüttelt, wie ein Garten, der im Frühling umgegraben wird. Viel Mühe, aber die neuen Pflanzen, die dann sprießen und wachsen, sind doch wundervoll, oder? Danke, Frau Professor Doris für die Korrektur der deutschen Fassung. Bei Margherita bedanke ich mich für die große Unterstützung bei der italienischen Ausgabe. Ein großes Lob an den Foodfotografen Klaus Peterlin und seine Frau Maria, die sich mit großer Leidenschaft an meine Kuchen herangemacht haben – zwar nicht ganz ohne Hintergedanken, denn das Fotoobjekt war essbar und Klaus liebt Süßes.
Danke an das Athesia-Team rund um Ingrid und Bernhard. Ein ganz lieber Gruß an meine Sextner Wurzeln und Freunde, an alle unsere Gäste, an Maria, Niki und Kira und meine Oberwielenbacher. Meiner Tochter Sandra danke ich für ihren Zuspruch, mich nochmals in dieses Erlebnis zu stürzen. Ein großes Dankeschön an Nadia, die – als ich Zweifel äußerte, meine tollen Rezepte preiszugeben – zu mir sagte: „Mami, zwei Dinge verdoppeln sich, wenn man sie teilt, und das sind Wissen und Liebe." Kind, du hattest Recht, ich danke dir!

Nun wünsche ich euch allen ein heiteres Backvergnügen mit meinem Backbuch für besondere Menschen ...

Eure Wally

Damit das Backwerk gelingt

Beim Backen gibt es einige wichtige **Grundregeln** zu beachten.

Nützliches Werkzeug:
Eine **Waage** ist beim Backen unerlässlich, denn die Rezepte gelingen – im Gegensatz zum Kochen – nur, wenn Sie sich streng an die Mengenangaben halten.
Eine **Küchenmaschine** oder ein **Handrührgerät** erleichtern die Arbeit ungemein. Mit einem Schneebesen, viel Ausdauer und gut trainierten Muskeln kommen Sie aber auch zum gewünschten Ergebnis.
Ein **Silikonteigspachtel** ist eine überaus praktische Erfindung, um Zutaten unterzuheben oder Teige glatt zu streichen.
Backformen, meistens verwende ich Weißblech- oder Keramikspringformen, lege sie mit Backpapier aus und erspare mir so das Einfetten. Silikonformen müssen nur dann eingefettet werden, wenn der Teig keine Butter enthält.

Alle Rezepte dieses Buches können auch als **Blechkuchen** gebacken werden. Verdoppeln Sie dafür einfach die Mengenangaben bei den Zutaten. Ein nettes Gastgeschenk oder Mitbringsel sind Minikuchen. In diesem Fall müssen Sie die Mengenangaben nur halbieren.

Verwenden Sie möglichst regionales und saisonales Obst.

Die Teige gelingen am besten, wenn alle **Zutaten** Zimmertemperatur haben. Nur dann können sich die Zutaten homogen miteinander verbinden.
Lesen Sie die **Rezepte** genau durch und prüfen Sie, ob Sie alle Zutaten im Hause haben. Ehe Sie mit dem Backen beginnen, sollten Sie alle Zutaten wiegen, reiben bzw. raspeln und griffbereit hinstellen.

Natürlich sollte auch der Backofen vor Arbeitsbeginn vorgeheizt werden.

Lassen Sie sich von kleinen Missgeschicken nicht abschrecken, es ist noch kein Bäcker vom Himmel gefallen! Überlegen Sie, was schiefgelaufen sein kann. Backen ist keine Hexerei, sondern ein Handwerk, für das es Erfahrung braucht.
Darum: Probieren Sie es einfach noch einmal!

Bei einer **Biskuitmasse** sollten Sie Eier und Zucker so lange schlagen, bis die Masse hellgelb und cremig ist. Heben Sie erst dann die restlichen Zutaten vorsichtig unter. Biskuitmassen sofort im Backofen backen, sonst werden sie nicht so locker.

Wenn sich **Eiweiß** nicht schlagen lässt, war die Schüssel nicht fettfrei! Verwenden Sie für Eischnee am besten eine saubere Stahlschüssel und schlagen Sie das Eiweiß auf mittlerer Stufe an. Wenn das Eiweiß halb steif ist, lassen Sie den Zucker langsam einrieseln und schlagen so lange weiter, bis der Eischnee steif und glänzend ist. Wenn er beim Umdrehen der Schüssel nicht herausfällt, ist er genau richtig!

Was tun, wenn sich der **Mürbteig** zersetzt? Wahrscheinlich war die Butter zu weich oder Sie haben den Teig zu lange geknetet. Beim Mürbteig die Zutaten immer zügig verkneten, Teig auf einer bemehlten Fläche ausrollen, in die Backform legen und bis zur Weiterverarbeitung kühl stellen.

Der **Rührteig** ist nicht oder nur unregelmäßig aufgegangen? Dann versuchen Sie es doch einmal mit meiner Methode: Ich verwende geschmolzene Butter. Zuerst rühre ich Eier und Zucker so lange, bis die Masse weiß-schaumig (also sehr cremig) ist.

Die geschmolzene Butter hebe ich nun abwechselnd mit den restlichen Zutaten unter diese Masse.

Da jeder **Backofen** anders ist, können die Backzeiten nur Richtwerte sein. Ich persönlich backe grundsätzlich eher bei niedrigeren Temperaturen und dafür etwas länger. Damit vermeide ich, dass ich mich über zu dunkel geratene Tortenböden ärgern muss.

Bei den **glutenfreien Rezepten** habe ich das Weizenmehl durch Reismehl und Maisstärke ersetzt. Wer keine Probleme mit Gluten hat, kann diese Torten auch mit Weizenmehl backen.

Bei **Laktoseintoleranz** ersetzen Sie die Butter durch eine hochwertige Pflanzenmargarine.

Viele Menschen, nicht nur Vegetarier, lehnen **Blattgelatine** ab, weil es ein tierisches Produkt ist. Eine pflanzliche Alternative wäre Agar-Agar, das man in kochender Flüssigkeit auflöst. Bei Blattgelatine ist es wichtig, die Blätter in reichlich kaltem Wasser einweichen zu lassen und sie gut ausgedrückt in lauwarmer Flüssigkeit aufzulösen.

Sie können alle Rezepte aus meinem Buch auch mit Vollkorn-, Kamut- oder Dinkelmehl zubereiten. Wahrscheinlich müssen Sie dann jedoch etwas mehr Flüssigkeit zufügen, damit der Kuchenteig nicht zu trocken wird.

Was bedeutet:
TL = Teelöffel
EL = Esslöffel
ml = Milliliter
g = Gramm
Msp. = Messerspitze
Pkg. = Packung

GLUTEN FREE = glutenfrei

Himbeer-Schokotraum

Springform: 24/26 cm Ø · Backtemperatur: 180 Grad
Backzeit: etwa 45 Minuten · Kühlzeit: etwa 2,5 Stunden

FÜR DEN BODEN
125 g Butter
100 g Bitterschokolade
3 Eiweiß
100 g Zucker
150 g Mehl
3 EL Kakaopulver
50 g Haselnüsse, gerieben
1 EL Vanillezucker
1 TL Backpulver
3 Eigelb

Butter und Schokolade über dem Wasserbad schmelzen.
Eiweiß anschlagen, Zucker langsam einrieseln lassen und so lange weiterschlagen, bis der Eischnee steif und glänzend ist.
Mehl, Kakaopulver, Haselnüsse, Vanillezucker und Backpulver vermischen und mit Eigelb, Schokolade und Butter unter den Eischnee ziehen.
Springform mit Backpapier auslegen, die Masse einfüllen und im vorgeheizten Backofen backen.
Den Boden sofort mit einem Messer vom Rand der Form lösen und auskühlen lassen. Auf einen Tortenteller stürzen und Backpapier abziehen.

FÜR DIE FÜLLUNG
5 EL Himbeerkonfitüre
5 EL heißes Wasser
300 g Himbeeren
200 ml Sahne
3 EL Zucker

ZUM GARNIEREN
Himbeeren

Den Tortenboden etwa 1 cm waagerecht abschneiden, zerbröseln und beiseitestellen.
Himbeerkonfitüre mit heißem Wasser verrühren und den Tortenboden damit bestreichen. Die Himbeeren auf dem Boden verteilen.
Sahne mit Zucker steif schlagen und auf die Himbeeren geben.
Mit den Tortenbodenbröseln bestreuen und mit Himbeeren garnieren.
Im Kühlschrank durchkühlen lassen.

MEIN TIPP
Sie können die Himbeeren auch durch Heidelbeeren oder Erdbeeren ersetzen. Verwenden Sie dann aber Heidelbeer- bzw. Erdbeerkonfitüre.

Jugendzeit anno dazumal

Meine Töchter staunten nicht schlecht, als Oma von ihrer Jugendzeit erzählte. Unsere Oma Frieda ist 1932 geboren.
Ab 1938 hat sie die Volksschule in Oberwielenbach besucht. Zu ihrer Schulzeit war die Schule nur für Buben wichtig. Die Mädchen sollten heiraten, Kinder kriegen und arbeiten. Daher war es zu ihrer Zeit ganz normal, dass nur die Buben in den Schulbänken saßen, während die Mädchen auf einer normalen Bank am Rand sitzen mussten. Meistens strickten sie nebenbei.
Mit dreizehn Jahren, kurz nach Kriegsende, durfte sie mit vier Freundinnen zu Fuß nach Spinges pilgern. Sie hatte sich wochenlang auf diesen Ausflug gefreut, war es doch das erste Mal, dass sie von zu Hause weg durfte.
Meinen Töchtern erzählte sie, dass die letzten sieben Kilometer zwar etwas steil gewesen waren, aber sie beschwerte sich nicht, dass der gesamte Fußweg 39 Kilometer über Schotterstraßen lang war und dass sie den Weg mit schlechtem Schuhwerk und ohne Geld in der Tasche von frühmorgens 3.30 Uhr bis nachmittags 16 Uhr betend bewältigen mussten. In Spinges angekommen, besuchten die Mädchen die heilige Messe, anschließend bekamen sie bei einer Schneiderin Milch und hartes Brot und durften bei ihr auf dem Stubenofen übernachten.
Meine Töchter lauschten gespannt den Erzählungen von Oma Frieda und waren unglaublich fasziniert.
Am nächsten Tag hatten sich die vier Freundinnen wieder zu Fuß nach Hause aufgemacht. Oma hatte Blasen an den Füßen und bemerkte lediglich, dass es etwas mühsam gewesen war.
„Etwas" ist gut, meinte daraufhin unsere Tochter ...

Für die heutige Jugend ist oft bereits der Weg vom Sofa zur nächsten Fernsteuerung mühsam ...

Erdbeer-Zitronenmelissetorte

Springform: 24/26 cm Ø · Backtemperatur: 180 Grad
Backzeit: etwa 45 Minuten · Kühlzeit: etwa 2,5 Stunden

FÜR DEN BODEN
4 Eier
150 g Zucker
100 g Mehl
50 g Stärkemehl
1 EL Vanillezucker
1 TL Backpulver

Eier und Zucker mit der Küchenmaschine (oder mit den Quirlen des Handrührers) in ungefähr 8 Minuten hellgelb und cremig aufschlagen. Mehl, Stärkemehl, Vanillezucker und Backpulver vermischen und vorsichtig unter die Eier-Zucker-Masse heben. Springform mit Backpapier auslegen, Biskuitmasse hineinfüllen und im vorgeheizten Backofen auf der untersten Schiene backen. Nach dem Backen den Boden sofort mit einem Messer vom Rand der Form lösen und auskühlen lassen. Anschließend auf einen Tortenteller stürzen und Backpapier abziehen.

FÜR DIE FÜLLUNG
125 ml Wasser
12 Blätter Zitronenmelisse
3 Blatt Gelatine
300 g Erdbeeren
2 EL Zitronensaft
350 ml Sahne
100 g Zucker

Wasser aufkochen und die Zitronenmelisse darin einige Minuten auf kleiner Flamme ziehen lassen.
Gelatine in reichlich kaltem Wasser etwa 10 Minuten einweichen. Gut ausdrücken und im warmen Zitronenmelissesud auflösen.
Die Erdbeeren waschen und mit der aufgelösten Gelatine sowie Zitronensaft fein pürieren.
Sahne mit Zucker steif schlagen und das Erdbeer-Zitronenmelisse-Püree zügig unterrühren.
Den Tortenboden waagerecht durchschneiden. Die Hälfte der Erdbeer-Zitronenmelisse-Creme auf den unteren Boden geben und glatt streichen. Den zweiten Boden darauflegen und mit der restlichen Creme bestreichen.
Mit Erdbeeren und Zitronenmelisseblättern garnieren.

ZUM GARNIEREN
Zitronenmelisse
Erdbeeren

MEINE TIPPS
Diese Torte schmeckt auch mit Waldfrüchten sehr erfrischend.
Sie können die Creme auch ohne Zitronenmelisse zubereiten. Verwenden Sie dann nur 2 Blatt Gelatine und lösen Sie diese in einer Mischung aus 2 Esslöffeln Zitronensaft und 2 Esslöffeln Wasser auf.

Die Butterkrise

Unserem Nachbarn, dem Lehrer Lois, wie er im Dorf genannt wurde, stellte die Neugasser Moidl einmal folgende Frage: „Du, Lois, darf ich dich etwas fragen? Ist es wahr, dass bei uns die Butter knapp wird? Heute Morgen haben sie im Radio berichtet, dass in Deutschland das ‚Buttersozialprodukt' viel höher sei als in Italien."

Und weil gerade von kleinen Missverständnissen die Rede ist … Als der Vietnamkrieg wütete, hat eine ältere Bäuerin in Oberwielenbach zu jemandem Folgendes gesagt: „Ich trau' mich jetzt nicht mehr zu Fuß über Dietnam wegen der Bombardierung."

Dietnam ist im Dialekt die Bezeichnung für das Nachbardorf Dietenheim …

Holunder-Käsesahnetorte

Springform: 24/26 cm Ø · Backtemperatur: 180 Grad
Backzeit: etwa 45 Minuten · Kühlzeit: etwa 2,5 Stunden

FÜR DEN BODEN
4 Eier
150 g Zucker
100 g Reismehl
50 g Maisstärke
1 EL Vanillezucker
1 TL Weinsteinbackpulver

FÜR DIE FÜLLUNG
3 Blatt Gelatine
100 ml Holunderblütensirup
350 ml Sahne
2 EL Zucker
300 g Quark
2 EL Vanillezucker
etwa 20 Sauerkirschen, entsteint

ZUM GARNIEREN
Staubzucker
Sauerkirschen
Holunderblüten

Eier und Zucker mit der Küchenmaschine (oder mit den Quirlen des Handrührers) in ungefähr 8 Minuten hellgelb und cremig aufschlagen. Reismehl, Maisstärke, Vanillezucker und Weinsteinbackpulver vermischen und vorsichtig unter die Eier-Zucker-Masse rühren.
Springform mit Backpapier auslegen, die Masse einfüllen und glatt streichen. Im vorgeheizten Backofen auf der untersten Schiene backen.
Den Boden sofort nach dem Backen mit einem Messer vom Rand lösen. Auskühlen lassen und auf einen Tortenteller stürzen. Backpapier abziehen.

Gelatine in reichlich kaltem Wasser etwa 10 Minuten einweichen. Holunderblütensirup erwärmen und die gut ausgedrückte Gelatine darin auflösen. Ungefähr 10 Minuten abkühlen lassen. Sahne mit Zucker steif schlagen, Quark, Vanillezucker und die aufgelöste Gelatine zügig unterrühren.
Den Tortenboden waagerecht durchschneiden. Die Quarkcreme gleichmäßig auf dem unteren Boden verteilen und glatt streichen. Kirschen in die Quarkcreme drücken und den zweiten Boden darauflegen.
Die Torte im Kühlschrank gut durchkühlen lassen. Vor dem Servieren mit Staubzucker bestreuen und mit Sauerkirschen und Holunderblüten garnieren.

MEINE TIPPS
Wenn Sie keine frischen Sauerkirschen bekommen, können Sie welche aus dem Glas nehmen.
Sie können die Kirschen auch durch Orangen, Mandarinen, Erdbeeren oder gekochte Birnenspalten ersetzen.

Deutsche Sprache – schwere Sprache

Als Kinder hatten wir immer mehrere Meerschweinchen. Eigentlich war es fast wie eine Zucht, denn es gab Barney, das hellbraune Männchen, und Daisy, das schwarz-weiß gefleckte Weibchen, und sie mochten sich angeblich sehr. Schließlich hatten sie mehrere Male Nachwuchs, dies war unsere ganze Freude. Nachts waren die Schweinchen im Stall und bei schönem Wetter brachten wir sie auf die Wiese neben dem Haus, in unseren „Grasgarten". Stundenlang spielten wir mit ihnen und zwischendurch durfte Barney sogar in die Stube – aber nur solange, bis er etwas hinterließ ... Das dauerte meist nicht so lange, dann mussten wir wieder abziehen.

Eines Tages kamen deutsche Gäste des Weges. Die Meerschweinchen waren im Stall und unser Cousin Alfred spielte vor dem Stall. Die Gäste hatten Kinder dabei und fragten Alfred: „Junge, die Kinder möchten die Ferkel sehen. Ist das möglich?"

Mein Cousin bejahte, rannte ins Haus, direkt in Vaters Werkstatt, und kam mit einer großen Eisenfeile zurück. Die Gäste staunten und versuchten Alfred zu erklären, dass sie gerne ein Ferkel sehen möchten und keine Eisenfeile. Alfred betonte inständig: „Das ist eine Fergel." So heißt dieses Werkzeug im Sextner Dialekt. Alfred beharrte darauf, bis mein Vater des Weges kam und das Missverständnis aufklärte. Alfred brachte die „Fergel" ins Haus und kam mit einem Ferkel zurück. Deutsche Sprache – schwere Sprache!

Gewittertorte

Springform (wenn vorhanden 2): 24/26 cm Ø · Backtemperatur: 180 Grad
Backzeit: etwa 30 Minuten · Kühlzeit: etwa 2 Stunden

FÜR DIE BÖDEN
100 g Butter
4 Eigelb
250 g Zucker
1 EL Vanillezucker
100 g Reismehl
25 g Maisstärke
1 TL Weinsteinbackpulver
4 Eiweiß
50 g Sonnenblumenkerne

Butter schmelzen. Eigelb mit 100 g Zucker schaumig schlagen, bis die Masse hellgelb und cremig ist. Vanillezucker, Reismehl, Maisstärke und Weinsteinbackpulver vermischen und abwechselnd mit der Butter unter die Eier-Zucker-Masse rühren.
Zwei Springformen mit Backpapier auslegen. Den Teig gleichmäßig auf die beiden Formen verteilen.
Eiweiß anschlagen und die restlichen 150 g Zucker langsam einrieseln lassen, weiterschlagen, bis der Eischnee steif und glänzend ist.
Die Eischneemasse gleichmäßig auf den beiden Böden verteilen. Mit Sonnenblumenkernen bestreuen und im vorgeheizten Backofen backen.
Einen der Böden noch warm mit dem Messer in beliebig große Tortenstücke schneiden. Beide Böden auskühlen lassen.

FÜR DIE FÜLLUNG
2 Blatt Gelatine
2 EL Zitronensaft
etwa 300 g Himbeeren
350 ml Sahne
2 EL Zucker
2 EL Vanillezucker

Gelatine in reichlich kaltem Wasser etwa 10 Minuten einweichen. Zitronensaft erwärmen und die gut ausgedrückte Gelatine darin auflösen.
Drei Viertel der Himbeeren mit der aufgelösten Gelatine pürieren. Sahne mit Zucker steif schlagen und Vanillezucker sowie Himbeerpüree zügig unterrühren. Die restlichen Himbeeren mit einem Teigspachtel unter die Himbeersahne heben.
Die Creme auf dem unzerteilten Tortenboden (Baiserseite oben) glatt verstreichen, den in Tortenstücke geschnittenen zweiten Boden darauflegen und leicht andrücken.
Die Gewittertorte kühl stellen.

MEINE TIPPS
Sollten Sie nur eine Springform zur Verfügung haben, backen Sie die Tortenböden nacheinander.
Der Eischnee auf den Tortenböden sollte am Ende der Backzeit hart sein. Wenn das nicht der Fall ist, verlängern Sie die Backzeit einfach um einige Minuten.
Sie können die Himbeeren durch Waldfrüchte ersetzen.

Dieses wunderbare Rezept hat mir meine liebe Freundin Ulla aus Deutschland überlassen. Ich habe es ein wenig leichter gemacht – Ulla möge es mir verzeihen. In Norddeutschland gibt es eine ähnliche Torte mit dem verrückten Namen Hannchen-Jensen-Torte, die mit Mandarinen aus der Dose gemacht wird.

Bittgang um Regen

Es geschah in den 1960er Jahren. Ein extrem trockener Sommer drohte nach der kargen ersten Heumahd auch die für die Oberwielenbacher Bauern überlebenswichtige zweite Ernte zu vernichten. So entschlossen sich diese, in das etwa acht Kilometer entfernte Mühlbach zu pilgern, um in der kleinen Kirche um Regen zu beten. Beim Heimweg änderte sich die Witterung schlagartig. Sturzflutartiger Schneeregen, begleitet von Donner und Blitz, suchte die Pilger heim. In Oberwielenbach waren bereits kleine Bächlein zu reißenden Flüssen geworden. Einem Bauern hatte es eine kleine Heuhütte von seinem steilen Feld weggerissen. Dieser lamentierte daraufhin: „Um Regen werde ich nie wieder beten – und wenn es mir das Hosentürl wegbrennt."

GLUTEN FREE

Nougat-Sahne-Torte

Springform: 24/26 cm Ø · Backtemperatur: 180 Grad
Backzeit: etwa 45 Minuten · Kühlzeit: etwa 2 Stunden

FÜR DEN BODEN
4 Eier
150 g Zucker
100 g Reismehl
25 g Maisstärke
*25 g Kakaopulver**
1 EL Vanillezucker
1 TL Weinsteinbackpulver

Eier und Zucker mit der Küchenmaschine (oder mit den Quirlen des Handrührers) in ungefähr 8 Minuten hellgelb und cremig aufschlagen. Reismehl, Maisstärke, Kakaopulver, Vanillezucker und Weinsteinbackpulver vermischen und vorsichtig unter die Eier-Zucker-Masse heben.
Springform mit Backpapier auslegen, die Biskuitmasse einfüllen und sofort im vorgeheizten Backofen backen.
Aus dem Backofen nehmen und den Boden mit einem Messer vom Rand der Form lösen. Auskühlen lassen, auf einen Tortenteller stürzen und Backpapier abziehen.

FÜR DIE FÜLLUNG
150 ml Milch
150 g Nougat
400 ml Sahne
1 EL Zucker
1 EL Vanillezucker

ZUM GARNIEREN
25 g Nougat, geraspelt

Biskuitboden waagerecht durchschneiden und den unteren Boden mit der Hälfte der Milch beträufeln.
Nougat über dem warmen Wasserbad schmelzen lassen.
Sahne mit Zucker steif schlagen, Vanillezucker unterrühren. Die Sahnemenge halbieren und die eine Hälfte beiseitestellen. Den geschmolzenen Nougat zügig unter die andere Hälfte rühren. Nougatcreme gleichmäßig auf dem mit Milch getränkten Boden verteilen. Den anderen Boden darauflegen und mit der restlichen Milch beträufeln. Mit Sahne bestreichen und mit geraspeltem Nougat garnieren. Im Kühlschrank gut durchkühlen lassen.

MEINE TIPPS
Sie können den Nougat auch durch dunkle Schokolade oder Milchschokolade ersetzen.
Kinder lieben diesen Kuchen! Verzieren Sie ihn als Geburtstagstorte noch mit bunten Leckereien.

** glutenfrei*

Der gute alte Bauernofen

In jedem Südtiroler Bauernhaus gab und gibt es in der guten Stube die genialste heiztechnische Erfindung: den Bauernofen. Dies ist ein halbrunder, aus Steinen gemauerter und mit weißem Lehm überzogener Ofen. Ein großes Holzgestell umgibt das Ganze und oben befinden sich die Ofenbretter mit Liegeplatz für etwa drei Personen. Für uns Kinder war der Ofen der Tummel- und Spielplatz bei schlechtem Wetter. Eltern und Großeltern hielten oben gerne mal ein Mittagsschläfchen und Oma betete dort auch ab und zu den Rosenkranz.
Halb erfroren und durchnässt sind wir nach Rodelpartien, Skifahrten und Wintererlebnissen auf den Ofen geflüchtet. Man öffnete ein Brett und wärmte so die Beine. Auf dem Ofenlehm trockneten die nassen Handschuhe. Es gab nichts Gemütlicheres. Wir Kinder nutzten das Ofengestell für allerlei Akrobatik.
Wir bauten eine Seilbahn vom Ofen bis zum Tisch, mit der wir Obst und Getränke nach oben hievten. Beheizt wurde der Ofen vom Gang aus, mit Holzbündeln, die im Dialekt „Schablan" genannt wurden.
Mein jüngster Bruder experimentierte nicht ungern, und so wollte er einmal die Wirkung einer leeren Haarspraydose im Bauernofen testen. Ein lauter Knall, die Stube erzitterte und der Ofen hatte einen riesigen Sprung.

An einem kalten Wintertag waren wir Kinder mit Oma allein zu Hause. Oma machte es sich auf dem Ofen gemütlich. Sie hatte sich das erste Ofenbrett geöffnet, um so ihre Beine zu wärmen. Oma war von sehr großer Statur, etwas füllig und dadurch etwas ungelenk. Wir Kinder wussten nicht, wie es geschehen konnte, doch Oma befand sich plötzlich in einer sehr misslichen Lage. Sie war mit ihrem Hintern in die Lücke des geöffneten Ofenbrettes gerutscht und steckte darin fest. Wir schoben und zogen mit allen Kräften, doch nichts zu machen. Oma schwitzte und war verzweifelt. Nun beratschlagten wir Kinder am Stubentisch über die weitere Vorgehensweise. Albert, der Denker unter uns, hatte alsbald eine Idee: Zu zweit sollten wir Oma links und rechts halten. Er würde ihr dann von unten mit einer Nadel in den Hintern stechen. In diesem Moment würde sie eine ruckartige Bewegung nach oben machen. Genau diesen Augenblick sollten wir ausnutzen und das Problem wäre gelöst.
Oma hörte diesen Plan und mit der Kraft eines Olympioniken hievte sie sich aus ihrer misslichen Lage, so flink wie ein Wiesel. Alberts Plan hatte Großmütterchen wohl etwas in Panik versetzt.
Wenn ich heute zu meinen Eltern nach Sexten fahre, so steht der Bauernofen noch immer in der alten Stube und spendet diese wohlige Wärme. Wie viele Erinnerungen hängen daran, an diesem großen Stück Heimat und Gemütlichkeit.

GLUTEN FREE

Preiselbeermoussetorte

Springform: 24/26 cm Ø · Backtemperatur: 180 Grad
Backzeit: etwa 45 Minuten · Kühlzeit: etwa 2 Stunden

FÜR DEN BODEN
4 Eiweiß
150 g Zucker
100 g Mandeln, gerieben
100 g Bitterschokolade, geraspelt
2 EL Buchweizenmehl
1 EL Maisstärke
1 TL Weinsteinbackpulver
1 Eigelb

FÜR DEN BELAG
2 Blatt Gelatine
3 EL Eierlikör
2 EL Milch
300 ml Sahne
200 g Preiselbeerkonfitüre

ZUM GARNIEREN
1 EL Preiselbeerkonfitüre

Eiweiß mit der Küchenmaschine (oder den Quirlen des Handrührers) leicht schaumig schlagen. Zucker einrieseln lassen und so lange weiterschlagen, bis der Eischnee steif und glänzend ist.
Mandeln, Schokolade, Buchweizenmehl, Maisstärke und Weinsteinbackpulver vermischen. Zusammen mit dem Eigelb vorsichtig unter den Eischnee heben.
Springform mit Backpapier auslegen, die Masse einfüllen und glatt streichen. Im vorgeheizten Backofen auf der untersten Schiene backen.
Den Boden sofort nach dem Backen mit einem Messer vom Rand der Form lösen. Auskühlen lassen, auf einen Tortenteller stürzen und Backpapier abziehen.

Gelatine in reichlich kaltem Wasser etwa 10 Minuten einweichen.
Eierlikör mit Milch aufkochen und einige Minuten köcheln lassen.
Die gut ausgedrückte Gelatine darin auflösen und die Preiselbeerkonfitüre unterrühren.
Sahne steif schlagen und die Eierlikör-Preiselbeer-Mischung schnell unterrühren.
Preiselbeermousse mit einer Winkelpalette gleichmäßig auf dem Biskuitboden verstreichen. Im Kühlschrank gut durchkühlen lassen. Vor dem Servieren mit Preiselbeerkonfitüre garnieren.

MEINE TIPPS
Wenn Kinder mitessen, sollten Sie die Torte lieber ohne Eierlikör zubereiten. Ersetzen Sie in diesem Fall die Menge des Likörs durch Milch und geben Sie noch 1 Esslöffel Vanillezucker dazu. Die weitere Zubereitung bleibt wie oben beschrieben. Auch die alkoholfreie Variante schmeckt himmlisch!

Die Neugasser Moidl

Wenn man Geschichten von früher erzählt, so muss die Neugasser Moidl erwähnt werden. Sie war ein alleinstehendes, tiefgläubiges Fräulein und lebte in der „neueren" Haushälfte vom Gasser, deshalb die Neugasser Moidl. Sie war in jeder Hinsicht alles andere als zimperlich. Manchmal badete sie nachts im eiskalten Brunnentrog, und zu den Kindern im Dorf war sie eher ungut. Deshalb erlaubten sich die Buben auch so manchen Streich mit ihr. Sie schlossen Wetten, wer es schaffte, ihr unter den Rock zu schauen. Wehe ihnen, wenn sie erwischt wurden.

Tiefgläubig wie die Moidl war, hatte sie eine „Schwangerschaft vom heiligen Geist", wie sie immer behauptete, und niemand erfuhr je, wie sich diese „Erleuchtung" zugetragen hatte und wer der vermeintliche heilige Geist war. Später wurde sie noch gläubiger und fuhr 22-mal zur Muttergottes nach Lourdes, um dieser das Anliegen anderer Leute vorzutragen – alles natürlich gegen Bezahlung. Moidl fuhr meistens mit dem Schulbus von Oberwielenbach nach Bruneck. Eines Tages saß Onkel Wastl am Steuer. Wastl war seit 40 Jahren bei diesem Busunternehmen beschäftigt, also ein absolut zuverlässiger Fahrer. Als Moidl zustieg, sagte er, sie bräuchte diesmal nicht zu bezahlen. Sie tat ihm leid, und er hatte es gut gemeint. Doch er hatte nicht damit gerechnet, dass sich die Moidl in der Stadt schnurstracks zum Busunternehmen aufmachte, um dort Beschwerde einzureichen. Sie wolle nur Meldung machen, dass es einen Fahrer gäbe, der die Fahrgäste nicht abkassieren würde. Ja, das war sie, die Neugasser Moidl.

Bussi-Erdbeertorte

Springform: 24/26 cm Ø · Backtemperatur: 180 Grad
Backzeit: etwa 45 Minuten · Kühlzeit: etwa 2 Stunden

FÜR DEN BODEN
4 Eiweiß
100 g Zucker
100 g Haselnüsse, gerieben
100 g weiße Schokolade, geraspelt
2 EL Reismehl
1 TL Weinsteinbackpulver
1 Eigelb

Eiweiß mit der Küchenmaschine (oder mit den Quirlen des Handrührers) leicht schaumig anschlagen, Zucker einrieseln lassen und so lange weiterschlagen, bis der Eischnee steif und glänzend ist. Haselnüsse, geraspelte weiße Schokolade, Reismehl und Weinsteinbackpulver vermischen und zusammen mit dem Eigelb unter den Eischnee heben.
Springform mit Backpapier auslegen, die Masse einfüllen und im vorgeheizten Backofen auf der untersten Schiene backen.
Den Boden sofort nach dem Backen mit einem Messer vom Rand der Form lösen. Auskühlen lassen, auf einen Tortenteller stürzen und Backpapier abziehen.

FÜR DEN BELAG
300 g frische Erdbeeren
350 ml Sahne
150 g weiße Schokolade

ZUM GARNIEREN
weiße Schokolade, geraspelt
Erdbeeren, in Scheiben geschnitten

Erdbeeren waschen, trocken tupfen und in Scheiben schneiden. Gleichmäßig auf dem Tortenboden verteilen.
Schokolade über dem Wasserbad schmelzen und Sahne steif schlagen. Die flüssige Schokolade unter ständigem Rühren unter die Sahne ziehen.
Schokoladen-Sahne-Mischung auf die Erdbeeren geben und mit einer Winkelpalette gleichmäßig verstreichen. Mit geraspelter weißer Schokolade und Erdbeerscheiben garnieren.
Die Torte im Kühlschrank gut durchkühlen lassen.

MEINE TIPPS
Mit der richtigen Dekoration passt diese Torte wunderbar zu einem besonderen Anlass …
Sie können die Erdbeeren auch durch andere Beeren ersetzen. Pflücken Sie mit Ihren Kindern im Sommer frische Walderdbeeren und backen Sie diese Torte mit ihnen zusammen. Das ist nicht nur lecker, sondern ein Spaß für die ganze Familie.

Achtung – frisch ...!

In den 1960er und 1970er Jahren begannen sich die ersten jungen Frauen aus unserem Dorf zu schminken – manchesmal auch etwas üppiger.
Eines Tages trug sich Folgendes bei der heiligen Messe zu. Der Pfarrer war gerade beim Verteilen der Kommunion, als zwei junge Frauen mit knallroten Lippen an die Reihe kamen. Damals gab es noch keine Handkommunion und so öffneten die Gläubigen den Mund, damit der Geistliche die Hostie auf ihre Zunge legen konnte. Als eine der beiden stark geschminkten Frauen an die Reihe kam, sprach der Priester die üblichen Worte: „Der Leib Christi" und sobald er die Hostie ausstreckte, fügte er noch hinzu: „Achtung, frisch gestrichen!"

Apfel-Zimt-Torte

Springform: 24/26 cm Ø · Backtemperatur: 180 Grad
Backzeit: etwa 45 Minuten · Kühlzeit: etwa 2 Stunden

FÜR DEN BODEN
4 Eier
150 g Zucker
100 g Mehl
50 g Stärkemehl
1 TL Backpulver
1 EL Vanillezucker
½ Bio-Zitrone, Schale abgerieben

Eier und Zucker mit der Küchenmaschine (oder mit den Quirlen des Handrührers) in ungefähr 8 Minuten hellgelb und cremig aufschlagen. Mehl, Stärkemehl, Backpulver, Vanillezucker und Zitronenschale gut vermischen und vorsichtig unter die Eier-Zucker-Masse heben.
Springform mit Backpapier auslegen, Biskuitmasse in die Form füllen und im vorgeheizten Backofen backen.
Den Tortenboden mit einem Messer sofort vom Rand der Form lösen und auskühlen lassen. Auf einen Tortenteller stürzen und Backpapier abziehen.

FÜR DIE FÜLLUNG
4 mittelgroße Äpfel
1 Zitrone, Saft
2 EL Wasser
350 ml Sahne
100 g Zucker
1 TL Zimt

Die Äpfel schälen und fein raspeln. Zusammen mit Zitronensaft und Wasser in einem Topf etwa 5 Minuten kochen, anschließend etwa 15 Minuten auskühlen lassen.
Sahne mit Zucker und Zimt steif schlagen.
Den Tortenboden waagerecht durchschneiden und die ausgekühlten Äpfel auf dem unteren Boden verteilen. Die Hälfte der Sahnecreme darauf verteilen und mit dem zweiten Boden bedecken. Die restliche Zimtsahne gleichmäßig darauf verstreichen. Mit Apfelscheiben und Zimt garnieren.

ZUM GARNIEREN
1 Apfel, in Scheiben geschnitten
½ TL Zimt

MEIN TIPP
Damit die Apfelscheiben auf der Torte nicht braun und unansehnlich werden, sollten Sie sie kurz in Zitronenwasser kochen.

Gefährliche Kurven

Man sagt: „Die gefährlichsten Kurven im Straßenverkehr sind die Kurven, die neben einem sitzen." Ja, mit dem Autofahren ist das so eine Sache. Ich finde, ich fahre gar nicht so schlecht Auto. Meine Familie ist jedoch anderer Meinung.

Vor etlichen Jahren hatte sich mein Mann beim Abladen von Pflastersteinen für unseren Parkplatz einen offenen Bruch des kleinen Fingers zugezogen. Prompt wollte er alleine ins Krankenhaus fahren. Ich bestand darauf, ihn zu fahren, denn es sah gar nicht gut aus, und ich hatte Bedenken, es könne ihm – wenn er selber am Steuer sitzt – beim Fahren schlecht werden. So ließ er sich überreden, für diese kurze Fahrt bis zum Krankenhaus auf dem Beifahrersitz Platz zu nehmen. Ich beobachtete beunruhigt, wie mein Gatte immer blasser wurde. Endlich beim Krankenhaus angekommen, sagte ich: „Du hast große Schmerzen, ich sehe es dir an." Worauf er mir antwortete: „Nein, der Finger ist nicht das Problem, aber wie du Auto fährst." Er wäre vor Angst fast gestorben, dachte aber insgeheim, es wäre besser, nichts zu sagen, sonst wird's noch schlimmer!

Orangen-Buttermilch-Torte

Springform: 24/26 cm Ø · Backtemperatur: 180 Grad
Backzeit: etwa 45 Minuten · Kühlzeit: etwa 2,5 Stunden

FÜR DEN BODEN
4 Eiweiß
140 g Zucker
100 g Pistazien, gerieben
60 g Buchweizenmehl
2 EL Maisstärke
1 TL Weinsteinbackpulver
1 EL Vanillezucker
1 Bio-Orange, Saft und abgeriebene Schale
4 Eigelb

Eiweiß mit der Küchenmaschine (oder den Quirlen des Handrührers) auf mittlerer Stufe leicht schaumig schlagen. Zucker einrieseln lassen und so lange weiterschlagen, bis der Eischnee steif und glänzend ist. Pistazien, Buchweizenmehl, Maisstärke, Weinsteinbackpulver, Vanillezucker und Orangenabrieb vermischen. Abwechselnd mit Orangensaft und Eigelb vorsichtig unter den Eischnee rühren.
Springform mit Backpapier auslegen, die Masse einfüllen und im vorgeheizten Backofen auf der untersten Schiene backen.
Sofort nach dem Backen den Boden mit einem Messer vom Rand der Form lösen und auskühlen lassen. Tortenboden auf einen Tortenteller stürzen und Backpapier abziehen.
Einen Tortenring oder den Rand der Springform mit einem 26 cm langen und 10 cm hohen Backpapierstreifen auskleiden und um den Tortenboden legen. (Achtung: Das Backpapier muss höher sein als der Rand!)

FÜR DIE CREME
3 Orangen, Saft
100 g Zucker
4 Blatt Gelatine
250 ml Buttermilch
350 ml Sahne

ZUM GARNIEREN
Orangenfilets

Orangensaft mit Zucker aufkochen und so lange köcheln lassen, bis die Flüssigkeit auf die Hälfte reduziert ist.
Gelatine etwa 10 Minuten in reichlich kaltem Wasser einweichen, gut ausdrücken und im noch warmen Orangen-Zucker-Gemisch auflösen.
Buttermilch zugeben und gut mit dem Schneebesen verrühren.
Sahne steif schlagen und das Buttermilch-Orangen-Gemisch zügig unterrühren.
Die Creme auf dem Tortenboden verteilen und glatt streichen.
Torte im Kühlschrank fest werden lassen. Erst dann den Tortenring und das Backpapier entfernen. Mit Orangenfilets garnieren.

MEINE TIPPS
Sie können die Pistazien für den Tortenboden auch durch andere Nüsse oder Kürbiskerne ersetzen.
Achten Sie darauf, dass die Torte beim Kühlen nicht die Gerüche anderer Lebensmittel annimmt. Decken Sie sie am besten mit einer Kuchenglocke ab, dann können Ihnen geruchsintensive Lebensmittel nicht den Geschmack verderben.

Die Muchintant

Fragen Sie mich nicht, warum man sie so hieß. Sie war eigentlich nicht unsere Tante, aber trotzdem war sie die „Muchintant“. Ihr Mann hieß Much, wurde von uns aber „Maxmuch“ genannt – auch dafür gibt es keine plausible Erklärung. Much war ein stattlicher Mann, ein bekannter Bergführer bis ins hohe Alter. Er hatte eine sehr raue Stimme und war mit Muchin meistens sehr klobig, aber herzlich. Muchin trug eine runde Nickelbrille mit Gläsern so dick wie Flaschenböden auf der Nase, die Haare zu einem Knoten gebunden und meist einen viel zu großen Mantel. Sie war von hagerer Gestalt und unter diesem Mantel wirkte sie wie ein Mäuschen mit einer Kleiderschürze.

Als ich klein war, fragte ich mich oft, ob die zwei auch einmal jung gewesen wären und wie sie wohl ausgeschaut hätten. Aber ich kam immer wieder zum Schluss: Nein, die beiden waren immer schon so! Auf jeden Fall waren diese zwei Menschen sehr viel bei uns zu Hause.

Einmal saßen beide hinter unserem Haus auf der Bank. Daneben fließt der Sextner Bach. Mutter brachte ihnen eine Orange. Muchin schälte die Frucht, legte die Schale auf den Schoß in ihre Schürze. Dann nahm sie ihr Gebiss aus dem Mund, um das Obst zu essen. Das Gebiss war neu und saß nicht optimal, und so fiel es ihr leichter, die Orange ohne Zähne zu essen.

Weil früher Abfälle meist in den Bach geschmissen wurden, stand die Muchintant nach dem Verzehr auf, klappte ihre Schürze nach oben und warf die Schalen samt Gebiss in den Sextner Bach. Was hat der Maxmuch geschimpft: Die Tiere wurden immer größer und die Muchintant immer verzweifelter. Vater versuchte noch das gute Stück mit einem Heurechen aus dem Bach zu fischen, aber es war weg.

Als die beiden das 60. Hochzeitsjubiläum feierten, besuchte sie unsere Mutter, um zu gratulieren. Sie wollte dem großen Rummel entgehen und begab sich am Tag vor der großen Feier zu den Jubilaren. Die Muchintant hatte allerlei köstliche Sachen für diesen Tag gebacken. Sie stellte meiner Mutter einen Tee und Niggilan – eine typische Südtiroler Süßspeise aus Germteig – hin. Mutter sagte: „Tant' Muchin, da hast du gute Krapfen gebacken“, worauf diese antwortete: „Das sind nicht die guten, die brauch' ich morgen für die Leute!“

Ja, so war sie die Muchintant.

Tiramisu-Torte

Springform: 24/26 cm Ø · Backtemperatur: 180 Grad
Backzeit: etwa 30–45 Minuten · Kühlzeit: etwa 2,5 Stunden

FÜR DEN BODEN
4 Eier
150 g Zucker
100 g Mehl
50 g Speisestärke
1 EL Vanillezucker
1 TL Backpulver

Eier und Zucker mit der Küchenmaschine (oder mit den Quirlen des Handrührers) in ungefähr 8 Minuten hellgelb und cremig aufschlagen. Mehl, Speisestärke, Vanillezucker und Backpulver vermischen und vorsichtig unter die Eier-Zucker-Masse heben. Springform mit Backpapier auslegen, Biskuitmasse einfüllen und glatt streichen. Im vorgeheizten Backofen auf der untersten Schiene backen.
Aus dem Backofen nehmen und den Biskuitboden sofort mit einem Messer vom Rand der Form lösen. Auskühlen lassen, auf einen Tortenteller stürzen und das Backpapier abziehen.

FÜR DIE FÜLLUNG
400 g Ricotta
125 g Naturjoghurt
100 g Zucker
1 EL Vanillezucker
2 EL Sahne
250 ml Schreyögg-Espresso
2 EL Rum oder Kaffeelikör

Ricotta, Naturjoghurt, Zucker, Vanillezucker und Sahne zu einer cremigen Masse verrühren.
Espresso mit Rum verrühren, Biskuitboden waagerecht durchschneiden.
Den unteren Boden mit der Hälfte der Espresso-Rum-Mischung beträufeln und mit der Hälfte der Ricottamasse bestreichen. Den zweiten Boden darauflegen, mit der restlichen Espresso-Rum-Mischung beträufeln und mit der verbliebenen Ricottamasse bestreichen.
Mit Kakaopulver bestreuen und im Kühlschrank gut durchkühlen lassen.

ZUM GARNIEREN
1 EL Kakaopulver

MEINE TIPPS
Es handelt sich hierbei um eine kalorienärmere Variante des Klassikers Tiramisu, der eigentlich aus Mascarpone und rohem Eigelb zubereitet wird. Diese leichtere Variante schmeckt aber auch hervorragend!
Sie können statt Ricotta auch Quark oder feinen, nicht bröseligen Topfen verwenden.
Wenn Sie eine kleinere Version dieser Torte backen wollen, nehmen Sie eine Springform mit einem Durchmesser von 16 cm und halbieren die Menge der Zutaten.

TIRAMISU
TORTE

Eine schrecklich nette Familie

Eine unvergessene Kindheitserinnerung! In den 1970er Jahren hatte meine Mutter in den Sommerferien ihre ersten deutschen Gäste. Legendär war eine kinderreiche Pastorenfamilie, die viele Jahre lang einige Wochen Sommerfrische bei uns im Kramerhof verbrachte. Für uns Kinder war es sehr lustig, da diese Familie den ganzen Tag singend kommunizierte. Es begann am Frühstückstisch. Mutter hatte die Durchreiche zur Küche geöffnet und wir lauschten. Die Frau sang mit frohlockender Stimme: „Vater schneid' uns das Brooot", worauf er singend antwortete, „Ja, ha ha". Uns Kramerkindern kam das natürlich total bescheuert vor.

Als die Familie zur Bergtour aufbrach, sangen alle – wie konnte es auch anders sein – „Das Wandern ist des Müllers Lust ..." Und so ging das die ganzen Ferien zu jeder Tageszeit weiter.

Nur einmal haben wir den singenden Pastor anders erlebt. Sein Ältester war das erste Mal nicht mehr mit von der Partie, da er in Frankreich ein Sprachstudium absolvierte. Nun kam ein Brief vom Sohnemann nach Sexten. Mutter übergab ihn sogleich, er war sehr schmutzig, verschmiert, pappig und die Adresse kaum noch zu erkennen. Wir lauschten in der Küche und anstatt der üblichen Kantaten hörten wir den Pastor entsetzlich fluchen und schimpfen. Sein Sohn sei ein Trottel, ein Vollkoffer, ein totaler Idiot, ein Taugenichts ... Die Pastorengattin begann zu singen: „Reg dich nicht aaaauf, er hat es nicht soo gemeiiint." Nun, was war geschehen? Der Sohn hatte den Eltern einen Brief mit einem Foto aus Frankreich geschickt. Er wollte etwas französisches Flair vermitteln und hatte in die Post eine Rispe Weintrauben gepackt. Das war natürlich nicht besonders klug von ihm gewesen.

Am darauffolgenden Tag wurde aber wieder gesungen. Wir Kinder vom Kramerhof waren beruhigt und wussten jetzt, dass Pastoren nicht nur singen, sondern auch kräftig fluchen können. War diese Familie also doch „normal" ...

Kastanienroulade

Backblech: 40 x 30 cm · Backtemperatur: 180 Grad
Backzeit: etwa 15–20 Minuten · Kühlzeit: etwa 2 Stunden

FÜR DEN BISKUIT
6 Eier
125 g Zucker
80 g Mehl
20 g Haselnüsse, gerieben
25 g Stärkemehl

Eier und Zucker mit der Küchenmaschine (oder mit den Quirlen des Handrührers) in ungefähr 8 Minuten hellgelb und cremig aufschlagen. Mehl, Haselnüsse und Stärkemehl vermischen und vorsichtig unter die Eier-Zucker-Masse heben.
Das Backblech mit Backpapier belegen, die Biskuitmasse mit einer Winkelpalette gleichmäßig aufstreichen und im vorgeheizten Backofen backen.
Den Biskuit sofort nach dem Backen mit dem Backpapier vom Blech ziehen und aufrollen. Wenn der Biskuit ausgekühlt ist, das Papier abziehen.

FÜR DIE FÜLLUNG
350 ml Sahne
50 gebratene Kastanien (ohne Schale)
100 g Zucker
1 EL Vanillezucker
1 EL Zimt

Sahne steif schlagen. Kastanien mit Zucker, Vanillezucker und Zimt in der Küchenmaschine fein mahlen und unter die Sahne rühren.
Biskuitroulade entrollen. Die Hälfte der Kastaniensahne daraufgeben, glatt streichen und erneut aufrollen. Die Roulade mit der restlichen Kastaniensahne bestreichen.

ZUM GARNIEREN
50 g Schokolade
Schokospäne
Kastanien (ohne Schale)

Schokolade über dem Wasserbad schmelzen lassen und in einen Spritzbeutel füllen. Die Kastanienroulade mit der Schokolade beliebig verzieren, mit Schokospänen und Kastanien garnieren und im Kühlschrank durchziehen lassen.

MEINE TIPPS
Verwenden Sie für die Kastanienroulade einfach die übrig gebliebenen Kastanien von Ihrer Törggelepartie.
Wenn Sie keine gebratenen Kastanien haben, können Sie die Kastanien auch etwa 30 Minuten in Wasser kochen, halbieren und das Fruchtfleisch mit einem kleinen Löffel auskratzen. Die Kastaniensahne wird dadurch etwas feiner, aber nicht weniger gut!

Wöchnerin

Meine Schwiegermutter stammt vom Binterhof in Oberwielenbach. Sie hatte elf Geschwister und nur das letzte, das zwölfte Kind, hatte das Licht der Welt im Krankenhaus von Bruneck erblickt. Die anderen elf sind alle zu Hause auf dem Bauernhof zur Welt gekommen. Oma erzählte mir, dass früher die Kinder nicht aufgeklärt waren und sie niemals gemerkt haben, dass ihre Mutter schwanger war. Man trug diese langen, weiten Röcke, und es wurde nie darüber auch nur ein einziges Wort verloren.

Einmal hatten sie gemeinsam mit ihrer Mutter hinterm Haus Holzbündel für den kommenden Winter gemacht, als die Mutter plötzlich sagte: „So, jetzt macht ihr einmal alleine weiter, ich muss kurz in die Kammer und komme dann wieder." Sie gebar ein Kind, und war bald wieder bei der Arbeit. Beim letzten Kind begleitete sie der Vater zu Fuß ins sieben Kilometer entfernte Krankenhaus, um zu entbinden. Nach einer Woche Wochenbett holte sie der Vater samt Kind ab.

Die Mutter trug das Neugeborene im Arm und auf dem Rücken einen großen Korb mit dem Einkauf aus der Stadt. Der Vater trug einen flachen Rucksack und die Verantwortung, und so gingen sie den weiten Weg zu Fuß den Berg hinauf bis nach Hause.

Ja, so war sie, die gute alte Zeit.

Reis-Ingwer-Torte

Springform: 24/26 cm Ø · Backtemperatur: 180 Grad
Backzeit: etwa 45–50 Minuten · Kühlzeit: etwa 2,5 Stunden

FÜR DEN BODEN
4 Eier
150 g Zucker
80 g Reismehl
70 g Maisstärke
1 EL Vanillezucker
1 TL Weinsteinbackpulver

Eier und Zucker mit der Küchenmaschine (oder mit den Quirlen des Handrührers) in ungefähr 8 Minuten hellgelb und cremig aufschlagen. Reismehl, Maisstärke, Vanillezucker und Weinsteinbackpulver mischen und vorsichtig unter die Eier-Zucker-Masse heben.
Springform mit Backpapier auslegen, Biskuitmasse einfüllen und glatt streichen. Sofort im vorgeheizten Backofen auf der untersten Schiene backen.
Biskuitboden aus dem Backofen nehmen und mit einem Messer vom Rand der Form lösen. Auskühlen lassen, auf einen Tortenteller stürzen und Backpapier abziehen.

FÜR DIE FÜLLUNG
100 g Rosinen
50 ml Rum
500 ml Milch
50 g Reis (z.B. Arborio oder Carnaroli)
4 Scheiben frischer Ingwer
1 Msp. Salz
1 EL Vanillezucker
½ Bio-Zitrone, Schale abgerieben
3 Blatt Gelatine
300 ml Sahne
100 g Zucker

Rosinen mit Rum begießen und einige Stunden (am besten über Nacht) ziehen lassen.
Milch, Reis, Ingwer, Salz, Vanillezucker und Zitronenschale aufkochen. Auf kleiner Flamme ungefähr 15 Minuten köcheln lassen. Dabei gelegentlich umrühren, damit der Reis nicht ansetzt.
Ingwer entfernen und Milchreis abkühlen lassen.
Gelatine in reichlich kaltem Wasser etwa 10 Minuten einweichen.
50 ml Sahne erwärmen und die gut ausgedrückte Gelatine darin auflösen.
Die restliche Sahne mit dem Zucker steif schlagen. Aufgelöste Gelatine, Milchreis und Rum-Rosinen unterrühren.
Den Biskuitboden waagerecht durchschneiden. Milchreis-Masse auf dem unteren Boden verteilen und glatt streichen, den zweiten Boden darauflegen.
Im Kühlschrank gut durchkühlen lassen. Vor dem Servieren nach Belieben mit Staubzucker bestreuen.

ZUM GARNIEREN
Staubzucker

Spiegelei auf Eis

Sexten oblag kirchlich dem Franziskanerkloster Innichen. Die Bauern mussten einmal im Jahr eine Spende geben. Diese wurde von den Mönchen eingetrieben. Die Bauern gaben Eier, Butter oder bestenfalls Geldspenden. Dafür hinterließen die Mönche in den Häusern geweihtes Heu, sogenanntes „Blüima", das herrlich duftete und das Vieh gegen Krankheiten schützen sollte; sowie für die Mädchen Ringe mit bunten Steinchen – natürlich kein echtes Gold, aber für uns wunderschön – und für die Buben Heiligenbildchen.

Im tiefsten Winter sah Vater schon durch das Stubenfenster den Sammelmönch nebst Träger mit großem Korb auf dem Rücken vorbeitorkeln. Beide hatten schon viele Häuser durch und überall zur Stärkung etwas zu trinken aufgetischt bekommen. Dies war nicht immer Apfelsaft, wie man unschwer erkennen konnte. Vater sprang auf, kontrollierte das Weihwasserfass in der Stube – es war staubtrocken –, ergriff die Mineralwasserflasche und füllte es damit auf.

Alsbald kam der Mönch. Nach dem Gespräch und der Spende bekamen wir den begehrten Ring und die Buben das Bildchen, dann kam der Segen mit Weihwasser und zuletzt gab es für die Geistlichkeit noch etwas zu trinken. Zum Unmut meiner Mutter fiel das Getränk immer großzügig aus, sie tranken nämlich Schnaps aus Saftgläsern.

Auch Mutter hatte Eier als Spende gegeben wie die meisten an jenem Tag, denn der Korb des Trägers war voll. Nun zogen sie wieder weiter, hinaus über den Hintereingang beim Hof. Dort waren die Dachrinne und darunter eine riesige Eisplatte. Wer das wusste, umging diese. Wer dies jedoch nicht wusste, einen schweren Korb voller Eier zu tragen hatte und sich den ganzen Tag von Haus zu Haus trank, der hatte schlechte Karten.

Kurz gesagt: Es gab reichlich Spiegelei auf Eis und für Vater einen anständigen Verweis.

Jonas' Schoko-Topfen-Kuchen

Springform: 24/26 cm Ø · Backtemperatur: 170 Grad
Backzeit: etwa 45–50 Minuten

ZUTATEN

3 Eier
150 g Zucker
150 g Mehl
50 g Mandeln, gerieben
3½ EL Kakaopulver
1 TL Backpulver
150 g Butter, geschmolzen
1 EL Rum oder Milch
300 g Topfen
40 g Zucker
1 EL Vanillezucker

Eier und Zucker mit der Küchenmaschine (oder mit den Quirlen des Handrührers) in ungefähr 8 Minuten hellgelb und cremig aufschlagen.
Mehl, Mandeln, Kakaopulver und Backpulver vermischen. Abwechselnd mit der geschmolzenen Butter und dem Rum unter die Eier-Zucker-Masse rühren.
Springform mit Backpapier auslegen, Teig einfüllen und glatt streichen.
Topfen, Zucker und Vanillezucker gut verrühren. Mit einem Löffel gleichmäßige Häufchen von der Topfenmasse auf den Teig setzen.
Im vorgeheizten Backofen backen und den Kuchen sofort nach dem Backen mit einem Messer vom Rand der Form lösen. Auskühlen lassen.

MEINE TIPPS

Dies ist der Lieblingskuchen von Jonas, unserem Nachbarskind, aber auch alle anderen Kinder mögen diesen Rührkuchen sehr gern. Am besten genießt man ihn noch lauwarm. Der Kuchen hält sich im Kühlschrank – gut verpackt – etwa 2–3 Tage. Er schmeckt nicht nur am Nachmittag, sondern auch als Jause in der Schule oder auf einer Wanderung.

Michael und Evi

Mein jüngster Bruder Michael würde einem Vergleich mit Michel aus Lönneberga, der Figur aus den Geschichten von Astrid Lindgren, glatt standhalten.

Michael und Evi, meine jüngsten Geschwister, waren als Duo unschlagbar. Wenn es draußen kalt oder schlechtes Wetter war, hielten wir uns immer in der warmen Stube auf. Vater schnitzte an der Hobelbank und wir spielten. Wenn Besuch kam, schenkte Vater ein Glas Wein ein. Die Weinflasche stand stets neben dem Stubentisch beim Uhrenkasten. Evi und Michael waren ganz brav; niemandem fiel auf, dass sie sich unter den Stubentisch verkrochen hatten. Doch anscheinend war den beiden an diesem Tag nach einem Schluck Rotwein zumute gewesen. Keiner hatte bemerkt, dass die Kinder unter dem Tisch einen über den Durst getrunken hatten.

Plötzlich begannen sie komische Laute von sich zu geben. Vater registrierte dies und entriss Michael die Flasche. Doch da ging die Tür auf und ein deutscher Gast kam in die Stube, um seine bestellte Schnitzerei abzuholen. Michael und Evi grölten unter dem Tisch und waren wie von Sinnen. Vater konnte sie nicht beruhigen. Der Gast fragte: „Wie viele Kinder haben Sie denn Herr Tschurtschenthaler?“

„Fünf“, sagte Vater, worauf der Gast peinlich berührt antwortete: „Die anderen drei sind aber Gott sei Dank gesund.“

„Was will man machen?“, sagte Vater und war froh, als der Gast das Weite suchte.

Michael und Evi waren in der Zwischenzeit unter dem Tisch eingeschlafen und danach war alles wieder verflogen. Der Rotwein bekam einen unzugänglicheren Platz in der Stube, und die Kinder hatten den Vorfall unbeschadet überstanden.

Zucchini-Orangen-Kuchen

Herzform: 22 cm Ø · Backtemperatur: 170 Grad
Backzeit: etwa 1 Stunde

ZUTATEN

4 Eiweiß
140 g Zucker
200 g Zucchini
100 g Mandeln, fein gerieben
1 Bio-Orange, Saft und abgeriebene Schale
50 g Reismehl
1 TL Weinsteinbackpulver
1 TL Zimt
1 EL Vanillezucker
4 Eigelb

WEITERES

100 g Orangenmarmelade oder Aprikosenkonfitüre
3 EL Wasser

Eiweiß mit der Küchenmaschine (oder den Quirlen des Handrührers) leicht schaumig schlagen. Zucker einrieseln lassen und so lange weiterschlagen, bis der Eischnee steif und glänzend ist.
Zucchini waschen und mit Schale raspeln. Mit Mandeln, Orangenschale, Reismehl, Weinsteinbackpulver, Zimt und Vanillezucker vermischen. Zusammen mit Eigelb und Orangensaft zügig unter den Eischnee heben.
Form einfetten, Teig einfüllen, glatt streichen und im vorgeheizten Backofen backen.
Den Kuchen sofort nach dem Backen mit einem Messer vom Rand der Form lösen. Auskühlen lassen und auf eine Kuchenplatte stürzen.
Orangenmarmelade mit Wasser erwärmen, bis sie streichfähig ist, und den Kuchen damit bestreichen.

MEINE TIPPS

Sie können die Zucchini auch durch Kürbis oder Karotten ersetzen.
Eine gute Freundin schenkt mir im Herbst immer eine hervorragende Kürbis-Zitronen-Marmelade, mit der ich den Kuchen bestreiche. Diese Kombination gibt dem köstlichen Kuchen etwas geradezu Übersinnliches.
Fetten Sie die Form auch ein, wenn sie aus Silikon ist. Da der Kuchen keine Butter enthält, lässt er sich sonst nicht aus der Form lösen.

Mein grüner Daumen

Ich muss zugeben, ich bin kein Fan von neuen Medien. Doch als ich im Internet entdeckte, dass es möglich wäre, mit einer rohen Kartoffel, einem abgewelkten Rosenstängel und einer leeren halben Plastikflasche innerhalb von zwei Monaten einen Rosenstock zu ziehen, wurde ich hellhörig. Genau nach Anleitung baute ich nun mein Minigewächshaus: Den Rosenstängel in die rohe Kartoffel gesteckt, darüber die Flasche und alles in einen Blumentopf mit etwas Erde gebettet. Regelmäßiges Gießen war angesagt. Nach einem Monat war die Freude groß, es spross bereits etwas Grünes. Nach zwei Monaten, die Pflanze war etwa 20 Zentimeter hoch, war der Rosenstängel abgefault und fiel in Schräglage. Die wunderbare Grünpflanze war nämlich keine Rose, sondern es war mir doch tatsächlich gelungen, eine Kartoffelpflanze zu ziehen.

Wie heißt noch einmal das Sprichwort? „Schuster, bleib bei deinen Leisten" – in meinem Falle Kuchen ...

Notes
I R
S H

Irish-Coffee-Torte

Springform: 24/26 cm Ø · Backtemperatur: 170 Grad
Backzeit: etwa 50–60 Minuten

ZUTATEN
150 g Butter
100 g Schokolade
3 Eiweiß
80 g Zucker
100 g Haselnüsse, gerieben
100 g Mehl
1 EL Vanillezucker
1 TL Backpulver
3 EL Whisky
2 TL Instantkaffee
3 Eigelb

Butter mit Schokolade über dem Wasserbad schmelzen.
Eiweiß mit der Küchenmaschine (oder den Quirlen des Handrührers) leicht schaumig schlagen. Zucker einrieseln lassen und weiterschlagen, bis der Eischnee steif und glänzend ist.
Haselnüsse, Mehl, Vanillezucker und Backpulver vermischen.
Whisky etwas erwärmen und Instantkaffee darin auflösen. Zusammen mit der Mehlmischung, dem geschmolzenen Butter-Schoko-Gemisch und dem Eigelb vorsichtig unter den Eischnee rühren.
Springform mit Backpapier auslegen, Masse einfüllen, glatt streichen und im vorgeheizten Backofen backen.
Die Torte sofort nach dem Backen mit einem Messer vom Rand der Form lösen. Auskühlen lassen, auf einen Tortenteller stürzen und das Backpapier abziehen.

FÜR DIE GLASUR
2 EL Aprikosenkonfitüre
60 ml Sahne
½ TL Instantkaffee
1 EL Whisky
60 g Kochschokolade, gehackt

Aprikosenkonfitüre erwärmen und die Torte damit bestreichen.
Sahne mit Instantkaffee und Whisky aufkochen und die gehackte Kochschokolade dazugeben. So lange rühren, bis sich die Schokolade aufgelöst hat.
Die Glasur gleichmäßig auf der Torte verteilen.
Mit Zuckerherzen garnieren.

ZUM GARNIEREN
Zuckerherzen

MEIN TIPP
Diese Torte ist genau das Richtige für einen Herrenabend! Servieren Sie sie zum Kartenspiel oder zu besonderen Anlässen ...

Schnapsdrosseln

Eine der schönsten Jugenderinnerungen ist meine Zeit bei der Jungschargruppe. Die Leiterin dieser Gruppe war Erika, ein Mensch wie die „liebe Stunde", wie wir Südtiroler einen äußerst geduldigen Menschen zu bezeichnen pflegen. Unsere Gruppe nannte sich „Die Singvögel" und wir waren insgesamt zu siebt plus Erika. Es waren unvergessliche Stunden, wir haben zusammen gesungen, gespielt und sehr viel geblödelt.

In der Vorweihnachtszeit hat Erika mit uns einen ganzen Tag lang die Sextner Bergbauernhöfe besucht und wir haben den alten Menschen Weihnachtslieder gesungen und ein kleines Geschenk, meist liebevoll verpackte Schleckereien, übergeben. Bei klirrender Kälte stapften wir von Hof zu Hof. Auch die frühe Dunkelheit war kein Hindernis. Die einstudierten Lieder wurden nach dem zehnten Hofbesuch immer schneller gesungen, und nachher gab es meist Kekse und Saft, bis wir nicht mehr konnten.

Beim Hackerhof hat es die Patin meiner Mutter gut mit uns gemeint und Tee mit Rum aufgetischt. Der Tee war üppig mit Rum angereichert, und wir tranken alles aus. Nachher purzelten wir im frischen Schnee die Böschung hinunter und lachten uns halb kaputt. Erika hatte uns nicht mehr im Griff und beim nächsten Hofbesuch klappte auch das so oft gezwitscherte „Maria durch ein Dornwald ging" so gar nicht mehr. Kurz gesagt, aus den Singvögeln waren Schnapsdrosseln geworden. Langsam wurden wir wieder ruhiger und sind nach Hause gezogen. Wir haben den feuchten, aber unvergesslichen Nachmittag unbeschadet überstanden.

Mohn-Cranberry-Kuchen

Springform: 24/26 cm Ø · Backtemperatur: 170 Grad
Backzeit: etwa 1 Stunde

ZUTATEN
130 g getrocknete Cranberrys
200 ml Wasser
3 Eiweiß
125 g Zucker
100 g Haselnüsse, gerieben
100 g Mohn, frisch gemahlen
50 g Maisstärke
1 EL Vanillezucker
1 TL Zimt
1 TL Weinsteinbackpulver
½ Bio-Zitrone, Schale abgerieben
250 g Äpfel, geraspelt
3 Eigelb

ZUM GARNIEREN
Staubzucker
20 g getrocknete Cranberrys

Cranberrys etwa 5 Minuten mit dem Wasser kochen, abseihen und den Saft auffangen. Auskühlen lassen.
Eiweiß mit der Küchenmaschine (oder den Quirlen des Handrührers) leicht schaumig schlagen. Zucker einrieseln lassen und so lange weiterschlagen, bis der Eischnee steif und glänzend ist.
Haselnüsse, Mohn, Maisstärke, Vanillezucker, Zimt, Weinsteinbackpulver und Zitronenschale vermischen. Abwechselnd mit den geraspelten Äpfeln, Eigelb, Cranberrys und Cranberrysaft unter den Eischnee rühren.
Springform mit Backpapier auslegen, den Teig einfüllen und glatt streichen. Im vorgeheizten Backofen backen.
Den Kuchen sofort mit einem Messer vom Rand der Form lösen. Auskühlen lassen und auf einen Tortenteller heben.
Kuchen mit Staubzucker bestreuen und mit Cranberrys garnieren.

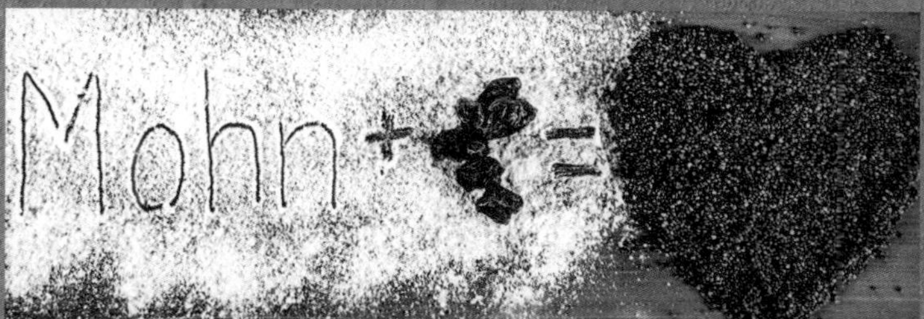

Mohn

Mohn + =

Oma ausgetrickst

Unsere Oma, die Gute, konnte uns Enkeln wenig ausschlagen, man musste nur wissen, wie fragen.
So wie damals mein Cousin Alfred, der ein richtiger Lausbub war. Er ging zur Oma und erzählte ihr, er habe im Geschäft in Moos ein schönes Bildchen mit Jesus und einem Fähnchen darauf gesehen. Dies würde er so gerne kaufen, aber es koste 500 Lire, die er nicht habe. Oma war verzückt von diesem Kind und seinen frommen Wünschen. Sie meinte, der Bub hat ja doch einen guten Kern, und so gab sie ihm das Geld.
Alfred hat sich mit Omas Almosen einige Packungen Knallkörper gekauft und damit für einen Nachmittag lang das ganze Dorf in einen Ausnahmezustand versetzt. Für Alfred war vorerst Schluss mit lustig und Oma war richtig sauer.

Zwetschgen-Joghurt-Kuchen

Springform: 24/26 cm Ø · Backtemperatur: 170 Grad
Backzeit: etwa 1 Stunde

ZUTATEN

3 Eiweiß
175 g Zucker
150 g Dinkelmehl
50 g Haselnüsse, gerieben
1 EL Vanillezucker
1 TL Backpulver
½ Bio-Zitrone, Schale abgerieben
1 TL Zimt
150 g Butter, geschmolzen
50 g Naturjoghurt
3 Eigelb
etwa 15 Zwetschgen

Eiweiß mit der Küchenmaschine (oder den Quirlen des Handrührers) leicht schaumig schlagen. Zucker einrieseln lassen und so lange weiterschlagen, bis der Eischnee steif und glänzend ist.
Mehl, Haselnüsse, Vanillezucker, Backpulver, Zitronenschale und Zimt vermischen. Abwechselnd mit Butter, Joghurt und Eigelb unter den Eischnee rühren.
Springform mit Backpapier auslegen, den Teig einfüllen und glatt streichen.
Zwetschgen waschen, halbieren, entsteinen und gleichmäßig auf dem Teig verteilen. Im vorgeheizten Backofen backen.
Kuchen mit einem Messer vom Rand der Form lösen. Auskühlen lassen.

Die ewige Jugend

Viele Jahre lang hatten wir eine alte, sehr feine Dame als Gast zum Nachmittagskaffee. Sie war immer sehr schick gekleidet: Ton in Ton, mit Handtäschchen und Hut – eine wahre Lady der alten Schule eben. Trotz ihres hohen Alters von über 90 Jahren war sie körperlich und geistig sehr fit. So erlaubte ich mir einmal die Frage, ob es ein Rezept gäbe für ihre ewige Jugend; worauf sie mir in perfektem Hochdeutsch folgende Antwort gab: „Ich bete jeden Morgen, ‚Lieber Gott, halt mich oben licht und unten dicht.'"

Bananensplitküchlein

6–8 Mini-Gugelhupfförmchen (Silikon, ca. 8 cm Ø) · Backtemperatur: 170 Grad
Backzeit: etwa 50 Minuten · Kühlzeit: etwa 1 Stunde

ZUTATEN
3 Eiweiß
100 g Zucker
200 g Mehl
1 TL Backpulver
1 EL Vanillezucker
½ Bio-Zitrone, Schale abgerieben
100 g Butter
2 mittelgroße Bananen
50 ml Naturjoghurt
2 EL Eierlikör
3 Eigelb
100 g Schokolade, geraspelt

WEITERES
100 g Schokolade

Eiweiß mit der Küchenmaschine (oder den Quirlen des Handrührers) leicht schaumig anschlagen, Zucker einrieseln lassen und so lange weiterschlagen, bis der Eischnee steif und glänzend ist.
Mehl, Backpulver, Vanillezucker und Zitronenschale vermischen.
Butter schmelzen und Bananen mit einer Gabel zerdrücken.
Die Mehlmischung abwechselnd mit Butter, Joghurt, Eierlikör, Eigelb, Bananen und geraspelter Schokolade unter den Eischnee heben.
Den Teig bis 5 mm unter den Rand in die Förmchen füllen und glatt streichen. Im vorgeheizten Backofen backen.
Nach dem Backen ungefähr 15 Minuten auskühlen lassen und erst dann stürzen.

Schokolade über dem Wasserbad schmelzen.
Schokolade mithilfe eines Spritzbeutels in die Mini-Gugelhupf-Förmchen geben, sodass der Boden jedes Förmchens bedeckt ist. Die Küchlein vorsichtig in die Förmchen drücken und in den Kühlschrank stellen, damit die Glasur fest wird.
Küchlein vorsichtig stürzen und servieren.

MEINE TIPPS
Achten Sie darauf, dass die Bananen wirklich reif sind.
Sie können die Küchlein auch vorsichtig in die geschmolzene Schokolade tauchen.

Von Knechten und Mägden

Ein Gasthaus ist eine wahre Fundgrube für Geschichten. Vor allem unsere älteren Gäste erzählen gerne von der guten alten Zeit, ganz nach dem Motto: Es ging uns besser, als es uns schlechter ging!

Am zweiten Februar, im katholischen Kalender Lichtmess, hörte ich sie regelmäßig vom „Schlengeltag" reden. Früher hatten Mägde und Knechte bei den Großbauern den Arbeitsvertrag, wenn man dies so nennen konnte, für ein Jahr. Die Arbeiter beendeten ihren Dienst am zweiten Februar und dies war der „Schlengeltag". Ein Tag zum Feiern, da man den Lohn bekam; einen Teil davon auf den Kopf stellte, sich nach einem Mädchen umsah oder eine neue Arbeitsstelle suchte. Man wanderte in das Pustertaler Städtchen Bruneck, denn dort herrschte an diesem Tag Jahrmarktstimmung. Die Bediensteten, die für das kommende Jahr noch frei waren, hatten ihren Löffel an den Hut gesteckt; so wussten die Bauern, mit wem sie verhandeln konnten. Der Löffel war früher für so manchen eine der wenigen Habseligkeiten. Daher rührt auch das Sprichwort: „Der hat den Löffel abgegeben."

So mancher Knecht hatte am „Schlengeltag" nach reichlich Alkoholkonsum eine neue Arbeitsstelle mit Handschlag angenommen, die Vorauszahlung vom Bauern kassiert, diese direkt wieder verflüssigt und am nächsten Tag keine blasse Ahnung, wohin die Reise ging. Häufig nahm man wieder die gleiche Arbeitsstelle an, der Bauer musste jedoch an diesem Tag neu verhandeln.

So soll es einen Knecht gegeben haben, der zum Bauern sagte: „Überall ist etwas, aber bei dir ist nichts, und deshalb kündige ich!"

Marmorgugelhupf

Gugelhupfform: 22/24 cm Ø · Backtemperatur: 170 Grad
Backzeit: etwa 1 Stunde

ZUTATEN
4 Eiweiß
150 g Zucker
300 g Mehl
1 EL Backpulver
1 EL Vanillezucker
½ Bio-Zitrone, Schale abgerieben
4 Eigelb
100 g Butter, geschmolzen
50 g Naturjoghurt
50 ml Oliven- oder Sonnenblumenöl
2 EL Kakaopulver
2 EL Rum
2 EL Milch

ZUM GARNIEREN
Staubzucker

Eiweiß mit der Küchenmaschine (oder mit den Quirlen des Handrührers) leicht schaumig schlagen. Zucker einrieseln lassen und so lange weiterschlagen, bis der Eischnee steif und glänzend ist.
Mehl, Backpulver, Vanillezucker und Zitronenschale vermischen und abwechselnd mit Eigelb, Butter, Joghurt und Öl unter den Eischnee rühren.
Eine Gugelhupfform einfetten und die Hälfte des Teigs einfüllen. Den restlichen Teig mit Kakaopulver, Rum und Milch verrühren, auf den hellen Teig geben und glatt streichen. Im vorgeheizten Backofen backen.
Gugelhupf etwa 30 Minuten in der Form auskühlen lassen. Stürzen und mit Staubzucker bestreuen.

MEIN TIPP
Wenn Sie eine Gugelhupfform aus Silikon verwenden, entfällt das Einfetten. Formen aus Weißblech oder Keramik müssen unbedingt eingefettet werden, sonst lässt sich der Gugelhupf nicht stürzen.

Mutters Krapfen

Eine wahre Spezialität meiner Mutter waren die „Niggilan", wie man sie in Sexten nennt. Dies sind Krapfen aus Hefeteig, der zu Kugeln geformt längere Zeit gehen muss. Sobald sich das Volumen verdoppelt hat, werden die „Niggilan" in heißem Fett herausgebacken. Diese Kugeln lagerten in unserer warmen Küche zur Gärung – in Reih und Glied auf einem großen Holzbrett, zugedeckt mit einem leichten Leinentuch. Meine Brüder hatten die geniale Idee, der Mutter einen kleinen Streich zu spielen. Sie steckten in jedes „Niggele" einen kleinen Stein. Ausgerechnet diese Krapfen sind Mutter so schön aufgegangen, dass sie der Nachbarin einige als Kostprobe vorbeibrachte. Nicht gut, gar nicht gut ... Meine Brüder machten sich mal kurz aus dem Staub ...

Meine grüne Linzer Torte

Springform: 24/26 cm Ø · Backtemperatur: 170 Grad
Backzeit: etwa 50–60 Minuten

ZUTATEN
125 g Kürbiskerne
200 g Dinkelmehl
1 TL Weinsteinbackpulver
125 g Zucker
1 EL Vanillezucker
1 Msp. Salz
1 Ei
125 g Butter, in kleine Würfel geschnitten
150 g Konfitüre (nach Belieben)

Kürbiskerne fein mahlen. Zusammen mit Dinkelmehl, Weinsteinbackpulver, Zucker, Vanillezucker, Salz, Ei und Butter in der Küchenmaschine (oder mit dem Knethaken des Handrührers) zügig zu einem glatten Teig verkneten.
Zwei Drittel des Teigs auf einer bemehlten Arbeitsplatte mit dem Nudelholz gleichmäßig ausrollen.
Springform mit Backpapier auslegen und den ausgerollten Teig hineingeben. Mit Konfitüre bestreichen.
Den restlichen Teig auf der bemehlten Arbeitsfläche ausrollen. Mit Keksausstechern verschiedene Figuren ausstechen und die Torte damit dekorativ verzieren. Im vorgeheizten Backofen backen.

MEINE TIPPS
Ich verwende für meine Linzer Torte selbst gemachte Kürbiskonfitüre. Doch auch Zitronenmarmelade passt hervorragend dazu.
Möchten Sie den Kuchen lieber vegan, dann ersetzen Sie die Butter einfach durch eine gute pflanzliche Margarine und das Ei durch 2 Esslöffel kaltes Wasser oder Apfelmus.
Sie können die Torte auch mit einem Gitter verzieren. Dazu den Teig mit einem Teigrad in Streifen schneiden und diese gitterförmig auf die Torte legen.
Für eine sommerliche Variante rollen Sie einfach den gesamten Teig aus, legen ihn in die Springform und belegen ihn mit frischen Pfirsichspalten. Nach dem Backen bestreichen Sie die Torte mit Pfirsichkonfitüre. (Dazu 3 Esslöffel Pfirsichkonfitüre mit 3 Esslöffeln Wasser erwärmen.)

Mein Rezept ist eine Abwandlung des österreichischen Klassikers. Der Kuchen eignet sich sehr gut als Zwischenmahlzeit – er ist eine leckere Jause für Schüler und Sportler.

Hasengeschichte

„Mami, heute darf ich mit Hetti und ihrer Mutti ins Schwimmbad." Ich war in der Küche inmitten meiner Kuchen. Sandra fragte, ob ich ihr 10 Euro für den Eintritt ins Schwimmbad geben könnte.

„Hier hast du das Geld, pack gleich deine Badesachen ein und vergiss nichts. Bussi, viel Spaß!"

Nach eineinhalb Stunden stand Sandra wieder in der Küche: „So", sagt sie, „geschwommen." „Wie? Ihr seid schon wieder hier?" Mag sein, dass ich in der Zwischenzeit viel Arbeit hatte und die Zeit verflogen war; es kam mir jedoch unmöglich schnell und vor allem etwas suspekt vor. Meine kleine Tochter war eine echte Wasserratte. Ihre Haare waren jedoch trocken, Frisur wie vorher, und ihr Gesicht wies noch Eisspuren vom Mittag auf; also hier war etwas faul.

Nach zwei Tagen kam dann die Lösung des Rätsels. In der Garage des Nachbarn hatten die zwei Mädchen einen Hasen versteckt, den sie im Nachbardorf bei einem Bauern gekauft hatten. Er kostete 10 Euro. Das war also aus dem Eintrittsgeld für das Schwimmbad geworden.

Der Hasenkauf wurde wieder rückgängig gemacht.

Lügen haben kurze Beine, Hasen auch ...

Birnen-Wellness-Tarte

Tarteform: 24/26 cm Ø
Backtemperatur: 170 Grad · Backzeit: etwa 50–60 Minuten

FÜR DEN BODEN

125 g Kamutmehl
1 TL Weinsteinbackpulver
60 g Zucker
1 EL Vanillezucker
½ Bio-Zitrone, Schale abgerieben
1 Eigelb
60 g Butter, in kleine Würfel geschnitten
2 EL Wasser

Kamutmehl, Weinsteinbackpulver, Zucker, Vanillezucker, Zitronenschale, Eigelb, Butter und Wasser rasch zu einem glatten Teig verkneten.
Den Mürbteig auf einer bemehlten Fläche kurz durchkneten und dünn ausrollen. Eine ausgebutterte Tarteform mit dem Teig auslegen und an den Rändern festdrücken. Bis zur weiteren Verwendung im Kühlschrank ruhen lassen.

FÜR DIE FÜLLUNG

4 mittelgroße Birnen
½ Zitrone, Saft
250 ml Wasser
50 g Kürbiskerne
50 g Pinienkerne
25 g Butter
2 EL Honig
1 frischer Rosmarinzweig, fein gehackt
1 TL Zimt

Birnen schälen, entkernen und in Würfel schneiden. In Zitronensaft und Wasser ungefähr 5 Minuten kochen, durch ein Sieb seihen, abtropfen und auskühlen lassen.
Kürbis- und Pinienkerne in einer trockenen Pfanne bei mäßiger Hitze und unter ständigem Rühren goldgelb rösten. Butter, Honig, die gehackten Rosmarinnadeln und Zimt dazugeben. So lange weiterrühren, bis sich Butter und Honig aufgelöst haben.
Birnen auf dem Mürbteig verteilen, die Samen-Honig-Masse darübergießen und die Tarte im vorgeheizten Backofen backen.

MEINE TIPPS

Diese Tarte schmeckt auch warm sehr gut.
Backen Sie diesen Kuchen, wenn Sie besonders viel positive Energie brauchen – zum Beispiel vor wichtigen Prüfungen oder kräftezehrenden Aktivitäten.
Für eine vegane Variante verwenden Sie einfach 2 Esslöffel Wasser statt Ei, hochwertige Pflanzenmargarine statt Butter und Ahornsirup statt Honig.

Schwachpunkt Technik

Jeder Mensch hat seine Schwächen, so sagt man. Oh, wie wahr, bei mir ist es eindeutig die Technik. Teilweise bringt mich diese in absurde Situationen. So wie damals, als unsere Waschmaschine mitten in der Hochsaison den Geist aufgab. Unser Nachbar, ein hervorragender Elektriker, ein Tüftler und ein Unikum, kam, um diesen Schaden zu beheben. Zwischen Schwarzwälder Kirschtorte, Apfelstrudel und der Überlegung „Was koche ich heute zum Mittagessen" – also meinem üblichen Vormittagsstress – lief ich einen Moment in den Waschraum, um Peter zu fragen, ob er den Schaden beheben könne. Schwungvoll wie immer öffnete ich die Tür und nahm nur halb wahr, was der Techniker gerade tat. Ich wollte höflich sein, sah lauter komplizierte Gegenstände und Apparaturen am Boden und fragte: „Oje – Peter musstest du jetzt den Motor der Waschmaschine ausbauen?" Worauf er mich verwundert anguckte und sagte: „Nein, nein, Traudele, das ist nur mein Werkzeugkasten."
Peter lachte sich halb kaputt und brachte meine Waschmaschine wieder zum Laufen.

SYNCHRO BOX

Apfel-Vanille-Streuselkuchen

Springform: 24/26 cm Ø · Backtemperatur: 170 Grad
Backzeit: etwa 1 Stunde

FÜR DEN BODEN
125 g Dinkelmehl
1 TL Backpulver
65 g Zucker
1 EL Vanillezucker
65 g Butter, in kleine Würfel geschnitten
1 Eigelb
2 EL Milch

Dinkelmehl, Backpulver, Zucker, Vanillezucker, Butter, Eigelb und Milch zügig zu einem glatten Teig verkneten.
Springform mit Backpapier auslegen. Den Mürbteig auf einer bemehlten Arbeitsplatte dünn ausrollen und mithilfe des Nudelholzes in die Springform legen. Den Teig am Rand etwa 3 cm hoch stehen lassen.
Die Springform bis zur weiteren Verarbeitung in den Kühlschrank stellen.

FÜR DIE FÜLLUNG
5 mittelgroße Äpfel
2 EL Zitronensaft
1 TL Zimt
2 EL Zucker
2 EL Brotbrösel

Äpfel grob raspeln oder in kleine Würfel schneiden. Mit Zitronensaft, Zimt, Zucker und Brotbröseln vermischen.
Die Füllung gleichmäßig auf dem Mürbteigboden verteilen.

FÜR DIE STREUSEL
100 g Dinkelmehl
100 g Zucker
1 EL Vanillezucker
100 g Butter, in kleine Würfel geschnitten

Dinkelmehl, Zucker, Vanillezucker und Butter mit den Händen zügig krümelig verreiben. Streusel auf der Apfelfüllung verteilen und im vorgeheizten Backofen backen.
Nach dem Backen den Kuchen sofort mit einem Messer vom Rand der Form lösen. Auskühlen lassen und auf einen Tortenteller heben.

MEINE TIPPS
Der Apfelkuchen ist, so wie alle Apfelkuchen, warm ein besonderer Genuss. Servieren Sie ihn am besten noch mit einer Kugel Vanilleeis!
Nicht alle Apfelsorten eignen sich für einen Apfelkuchen. Verwenden Sie am besten säuerliche (Koch-)Äpfel wie Gravensteiner, Cox-Orange oder Boskoop.

Bitte lächeln!

In meiner Jugendzeit gab es im oberen Pustertal zwei legendäre Fotografen.
Der Lerchner Peter war eine Ablichtgestalt der besonderen Art, der „Grubenfotograf" genannt wurde. Warum? Um ein Brustbild zu machen, stellte er die zu Fotografierenden in eine Grube. Beim Fotografieren trug er immer einen grünen Steireranzug, ohne diesen wurde nicht geknipst. Als wir Teenies waren, haben wir ihn öfters um ein Foto gebeten und schafften es sogar, dass er sich mit seinem Anzug auf dem Boden gereckt und gestreckt hat, um uns passend in Szene zu setzen.
Der andere Fotograf war ein schmächtiger kleiner Mann aus unserem Nachbardorf Innichen. Um besonders schöne Fotos zu knipsen, stieg er auf einen Stuhl und ging dann wiederum in die Hocke. Vorteil: Die Fotomotive haben sich halb tot gelacht. Zudem soll seine Angetraute nicht gerade zimperlich mit ihm gewesen sein. Bei Unstimmigkeiten verbannte sie ihn einfach unter den Küchentisch. Einmal kam ein unerwarteter Besucher ins Haus und sie sagte zum armen Gatten unterm Tisch: „Komm nur heraus, die Münze finden wir schon nachher beim Fegen!"

Heute wird mit allem, was es an tragbarer Technik gibt, fotografiert und so sind die guten alten Fotografen beinahe von der Bildfläche verschwunden – eigentlich schade.

Wallys Schokopralinchen

Tarteform: 24/26 cm Ø · Backtemperatur: 180 Grad
Backzeit: etwa 20 Minuten · Kühlzeit: etwa 3 Stunden

FÜR DEN BODEN
100 g Mehl
25 g Bitterkakaopulver
60 g Zucker
1 EL Vanillezucker
60 g Butter, in Würfel geschnitten
1 TL Backpulver
1 Eigelb
2 EL Milch

Mehl, Kakaopulver, Zucker, Vanillezucker, Butter, Backpulver, Eigelb und Milch rasch zu einem glatten Teig verkneten.
Den Teig auf einer bemehlten Arbeitsfläche kurz durchkneten, flach drücken und mit dem Nudelholz dünn ausrollen.
Tarteform mit Backpapier auslegen, den Teig mithilfe des Nudelholzes hineinlegen und am Rand etwa 3 cm hoch andrücken.
Im Kühlschrank bis zur weiteren Verarbeitung mindestens 30 Minuten ruhen lassen.
Ein zweites Backpapier auf den Mürbteigboden legen und mit getrockneten Hülsenfrüchten beschweren. Im vorgeheizten Backofen backen. (Diesen Vorgang nennt man Blindbacken. Dadurch soll der Boden flach bleiben.)
Boden auskühlen lassen, Backpapier und Hülsenfrüchte entfernen. Boden vorsichtig aus der Form nehmen und auf einen Tortenteller heben.

FÜR DIE FÜLLUNG
3 EL Brombeerkonfitüre
150 ml Sahne
150 ml Milch
½ EL Stärkemehl
250 g Schokolade, geraspelt
25 g Butter
½ TL Rum

Brombeerkonfitüre vorsichtig erwärmen und gleichmäßig auf dem Tortenboden verstreichen.
Sahne, Milch und Stärkemehl mit einem Schneebesen verrühren.
Aufkochen und Schokolade, Butter und Rum zufügen. So lange rühren, bis die Masse cremig ist.
Auf dem Tortenboden verteilen und glatt streichen.
Im Kühlschrank fest werden lassen.
Vor dem Servieren mit frischen Brombeeren garnieren.

ZUM GARNIEREN
Brombeeren

MEINE TIPPS
Diese Tarte ist ein Traum für Schokoladenfans. Es besteht Suchtgefahr!
Die Hülsenfrüchte (Erbsen, Linsen, Bohnen), die Sie zum Blindbacken verwendet haben, müssen Sie nicht wegwerfen. Sie können Sie nach dem Abkühlen in ein Glas füllen und immer wieder zum Blindbacken verwenden. Es gibt im Handel auch wiederverwendbare Keramikkugeln zum Blindbacken.

Neue Medien überlistet

Meine Familie kann sich über mein technisches Talent, insbesondere im Bereich neue Medien, kaputtlachen. So gibt es bei uns in der Familie manchen Spaß, wenn ich mich wieder einmal mit der Technik befasse.

Mein erstes Handy lag zwei Jahre im Nachtkästchen, ich kannte weder Nummer noch Pin und hatte damit in zwei Jahren nur 75 Fotos von meinem Hund Eddie gemacht. Dann fand ich zu meiner Verzweiflung unterm Christbaum ein neues Handy, mit der frohen Botschaft, dass ein Benutzerzwang damit verbunden war. Also legte ich mich ins Zeug.

Mein erstes SMS schrieb ich meiner Freundin Waltraud: Eine einfache Botschaft mit der Absage unserer Hunderunde, da mein Mann Grippe hatte. Waltraud kam trotzdem mit den Hunden und fragte: „Du, welche Sprache war dieses SMS, es klang wie finnisch.“ Leider hatte ich es zu schnell verschickt, ohne es vorher zu kontrollieren, denn ich war bei den Buchstaben immer daneben geraten. Mittlerweile klappt es mit meinem Handy einigermaßen und ich versuche mich sogar am iPad.

Nadia hatte Geburtstag und ich fand im Internet einen netten Witz, den ich auf die Tortenschachtel ihres Geburtstagskuchens kleben wollte. Nun dachte ich als grundehrlicher Mensch, dass ich diesen Witz nicht einfach herunterladen darf, da er sicher urheberrechtlich geschützt ist. Ich wollte keine Probleme haben (dachte mir sogar, die NSA sieht alles) und so habe ich die Technik überlistet. Ich öffnete den Witz am iPad, legte das Gerät in den Kopierer und habe das Ganze fotokopiert. Leute, ihr werdet es nicht glauben, das hat sogar funktioniert!

Auf diese Weise habe ich es geschafft, dass meine Familie mehr über meine technische Fantasie lachte als über den Witz. Egal, Hauptsache Spaß!

Sauerrahm-Rhabarber-Kuchen

Springform: 24/26 cm Ø · Backtemperatur: 170 Grad
Backzeit: etwa 1 Stunde

FÜR DEN BODEN

200 g Mehl
1 TL Backpulver
80 g Zucker
1 EL Vanillezucker
75 g Butter, in kleine Würfel geschnitten
1 Ei

Mehl, Backpulver, Zucker, Vanillezucker, Butter und Ei zu einem glatten Teig verkneten.
Den Teig auf einer bemehlten Arbeitsplatte kurz durchkneten, Teigkugel flach drücken und mit dem Nudelholz dünn ausrollen.
Springform mit Backpapier auslegen und den Teig mithilfe des Nudelholzes hineinlegen. Den Teig am Rand der Form etwa 3 cm hoch andrücken.
Die Form bis zur Weiterverarbeitung in den Kühlschrank stellen.

FÜR DIE FÜLLUNG

250 ml Milch
5 EL Zucker
1 EL Vanillezucker
1 Eigelb
2 EL Stärkemehl
3 Stangen Rhabarber
3 EL Brotbrösel
400 g Sauerrahm

Milch, Zucker, Vanillezucker, Eigelb und 1 Esslöffel Stärkemehl in einem Topf mit dem Schneebesen verrühren. Auf kleiner Flamme unter ständigem Rühren zum Kochen bringen, bis die Creme eindickt. Vom Herd nehmen und etwas auskühlen lassen.
Rhabarber waschen und in etwa 3 cm lange Stücke schneiden.
Mürbteigboden mit Brotbröseln bestreuen und Rhabarber darauf verteilen.
Sauerrahm und das restliche Stärkemehl mit den Quirlen des Handrührers unter die Creme ziehen.
Creme auf dem Rhabarber verteilen und glatt streichen. Im vorgeheizten Backofen backen.
Kuchen sofort nach dem Backen mit einem Messer vom Rand der Form lösen.

MEINE TIPPS

Auch dieser Kuchen schmeckt lauwarm am besten.
Rhabarber enthält neben sehr viel Vitamin C und Mineralstoffen auch sehr viel Oxalsäure. Deshalb sollten Sie Rhabarer immer gekocht genießen. Mischen Sie im Sommer doch einmal ein paar Erdbeeren unter den Rhabarber – mmh lecker.

Strahlendes Lächeln

Margareth ist eine nette junge Mutti aus unserem Dorf. Bevor sie ihre vier wunderbaren Kinder bekam, arbeitete sie als Zahnarzthelferin in der Stadt. Sie erzählte mir diese lustige Geschichte in ihrem schönen Ahrntaler Dialekt, den ich schriftlich leider nicht wiedergeben kann, der jedoch den Witz dieser Erzählung noch etwas steigern würde.

Ihr Beruf bringt es mit sich, dass sie ein strahlendes Lächeln sowie schöne weiße Zähne hat. Sie war bei der Arbeit und hatte gerade einen Patienten aufgerufen. Es war ein älterer Bergbauer aus dem hintersten Ahrntal, der sie anhimmelte und sagte: „Haben Sie aber schöne Zähne." Worauf Margareth antwortete: „Die hab ich von meiner Mutter."

Sie meinte, sie habe sie von ihrer Mutter geerbt, denn auch diese hatte ein strahlendes Lächeln.

Der Herr antwortete: „Ach so, tut's ihr ein bisschen abwechseln?" Er hatte doch glatt gemeint, Margareth würde mit ihrer Mutter das Gebiss teilen.

Ohne lange zu erklären, aber mit einem Schmunzeln auf den Lippen ging es zur Behandlung.

Rosina

Springform: 24/26 cm Ø · Backtemperatur: 170 Grad
Backzeit: etwa 50–60 Minuten

FÜR DEN BODEN
125 g Mehl
65 g Zucker
1 EL Vanillezucker
65 g Butter, in kleine Würfel geschnitten
1 TL Backpulver
1 Eigelb
2 EL Milch

Mehl, Zucker, Vanillezucker, Butter, Backpulver, Eigelb und Milch rasch zu einem glatten Teig verkneten.
Springform mit Backpapier auslegen. Den Teig auf einer bemehlten Arbeitsplatte dünn ausrollen und mithilfe des Nudelholzes in die Springform legen. Den Teig am Rand etwa 3 cm hoch andrücken.
Die Springform bis zur weiteren Verarbeitung in den Kühlschrank stellen.

FÜR DIE FÜLLUNG
2 Eier
100 g Zucker
1 EL Vanillezucker
500 g Topfen oder Ricotta
½ Bio-Zitrone, Saft und abgeriebene Schale
1 EL Grieß
50 ml Sahne
50 ml Milch
80 g Rosinen
3 EL Aprikosenkonfitüre

Eier mit Zucker schaumig schlagen. Vanillezucker, Topfen, Zitronenschale und -saft, Grieß, Sahne sowie Milch dazugeben und gut verrühren. Rosinen unterheben.
Mürbteigboden mit Aprikosenkonfitüre bestreichen. Die Füllung gleichmäßig auf dem Boden verteilen und glatt streichen. Im vorgeheizten Backofen backen.
Käsetorte nach dem Backen sofort mit einem Messer vom Rand der Form lösen. Auskühlen lassen und auf eine Tortenplatte heben.

MEIN TIPP
Schmeckt lauwarm besonders gut!

Vorsicht – schwanger!

Auch in puncto Schwangerschaften hat sich so einiges geändert. Eines Tages kam ein junges Paar in unser Lokal zum Mittagessen. Noch bevor die Dame Platz nahm, rieb sie sich ihr Bäuchlein, das gar keines war; sie erklärte meinem Mann, dass sie das Essen mit äußerster Sorgfalt zubereitet wünsche, da sie schwanger sei. Mein Gatte – bemüht wie immer – gratulierte den beiden erst mal und kam alsbald mit ihrer Bestellung in die Küche. Ich merkte sofort, dass ihn diese Dame voll und ganz in ihren Fängen hatte; er bestellte vorerst für sie einen gemischten Salat: „Aber bitte dreifach waschen, denn sie erwartet ein Kind". Aha, wird gemacht – und obwohl ich der Meinung bin, dass meine Salate nach einer gründlichen Wäsche sauber sind, wusch ich diesen ein zweites Mal. Dann kam Norbert mit der Hauptspeise für „Schwangi". Ein Rindsfilet total durch, trocken, denn sie erwarte ein Kind. Alles klar, dies wiederholte sich noch mit einem frischen, dreifach gewaschenen Fruchtsalat, denn Kuchen dürfe sie nicht essen wegen der bekannten Umstände. Plötzlich stürmte mein Mann in die Küche und sagte: „Na, ich werd' verrückt! Weißt du, was die Schwangere jetzt bestellt hat? Einen Schnaps zur Verdauung."

Ich dreh auch gleich durch …

Weihnachtselisenkuchen

Form: 26 x 26 cm (viereckig oder rund) · Backtemperatur: 170 Grad
Backzeit: etwa 50–60 Minuten

FÜR DEN TEIG
100 g Mehl
25 g Bitterkakaopulver
1 TL Backpulver
60 g Zucker
1 EL Vanillezucker
60 g Butter, in kleine Würfel geschnitten
1 Eigelb
3 EL Milch

FÜR DIE FÜLLUNG
2 Äpfel
3 EL Zitronensaft
3 Eiweiß
80 g Zucker
200 g Mandeln, gerieben
2 EL Stärkemehl
1 EL Vanillezucker
100 g Orangeat oder Zitronat, sehr klein geschnitten
1½ TL Lebkuchengewürz
3 Eigelb

ZUM GARNIEREN
Marzipanfiguren

Mehl, Kakaopulver, Backpulver, Zucker, Vanillezucker, Butter, Eigelb und Milch rasch zu einem glatten Teig verkneten.
Form mit Backpapier auslegen. Den Teig auf einer bemehlten Arbeitsfläche dünn ausrollen, mithilfe des Nudelholzes in die Form legen und am Rand etwa 3 cm hoch andrücken.
Form bis zur weiteren Verwendung kühl stellen.

Äpfel schälen, klein schneiden, mit Zitronensaft weich kochen und auskühlen lassen.
Eiweiß mit der Küchenmaschine (oder mit den Quirlen des Handrührers) leicht schaumig schlagen. Zucker einrieseln lassen und weiterschlagen, bis der Eischnee steif und glänzend ist.
Mandeln, Stärkemehl, Vanillezucker, Orangeat und Lebkuchengewürz vermischen. Zusammen mit Eigelb unter den Eischnee heben.
Äpfel gleichmäßig auf dem Boden verteilen. Eischnee-Masse daraufgeben und glatt streichen. Im vorgeheizten Backofen backen.
Den Kuchen nach dem Backen sofort mit einem Messer vom Rand der Form lösen. Auskühlen lassen und mit Marzipanfiguren verzieren.

MEIN TIPP
Für die Marzipanfiguren rollen Sie Marzipanrohmasse auf einer mit Staubzucker bestreuten Arbeitsfläche dünn aus und stechen die Figuren mit Keksausstechern aus.

So, Maria, jetzt musst du ganz stark sein. So wie sich bei Alfred Hitchcock der große Meister immer in seinen Filmen kurz gezeigt hat, schlich sich mein Weihnachtsmann in dieses Buch. Keine Panik, jetzt ruht er wieder in Sicherheit auf dem Dachboden.

„Früher war mehr Lametta"

Hilfe, es weihnachtet wieder! Jedes Jahr früher packt einen die Weihnachtsstimmung. Diese hält bei mir bis Heiligabend an und ab 25. Dezember ist dann alles abrupt vorbei. Da beginnt in unserem Betrieb der Weihnachtsstress. Am 7. Jänner betrachte ich meistens völlig erschöpft noch einmal den verwaisten Weihnachtsbaum in unserer Wohnung, bevor wieder Normalität einkehrt. Den ganzen Schnickschnack wieder abräumen und ab auf den Dachboden. Die Weihnachtszeit beginnt in meiner Welt Ende Oktober. Meine Freundin Maria fühlt schon mal vor, wie es heuer mit der Deko ausschauen soll. Ich bin froh, dass sie dies seit einigen Jahren für mich erledigt und lasse sie im November, wenn wir geschlossen haben, das Lokal nebst Terrasse in ein zauberhaftes Weihnachtsmärchen verwandeln. In dieser Zeit spüre ich Weihnachten am meisten. Maria gibt mir den Auftrag, alles, was an Deko auf dem Dachboden lagert, herunterzubringen sowie Zweige, Moos und Tannenzapfen in rauen Mengen zu besorgen, um alles Ton in Ton zu schmücken. Ton in Ton, da fangen die Probleme an. Ich bin nämlich für bunt und ich finde einfarbig langweilig. Schlussendlich setzt sich Maria doch durch, da sie die Ältere und mit einem feinen Geschmack ausgestattet ist.

Seit Jahren versuche ich verzweifelt, einen wunderschönen großen goldenen Weihnachtsmann in die Deko einfließen zu lassen. Aber ho ho ho – Maria sieht mich mit der Schachtel und sagt jedes Jahr dasselbe: „Den brauchen wir nicht, den kannst du gleich wieder auf den Dachboden verfrachten".

Am nächsten Tag kommt dann der Weihnachtsdekotrupp, bestehend aus Maria mit Hund Nicki sowie Regina, einer guten Freundin von ihr. Mein Mann sucht an diesem Tag das Weite und ich verzieh mich in die Küche zum Großputz. Wie zwei Heinzelmännchen bringen die beiden Damen das Lokal in Schwung. Zwischendurch kann ein kurzer Zickenalarm schon mal die vorweihnachtliche Schmückphase unterbrechen, nämlich, wenn sich Regina mit ihren Ideen verselbstständigt und so Marias Kreativitätsfluss unterbricht. Die Lage kann durchaus ernst werden, denn hier wird nicht nur geschmückt, nein, nein – es wird teilweise umgebaut, Nägel werden in die Wand geschlagen, Bilder umgehängt, alte Löcher mit Zahnpasta geschlossen ... Und Nicki macht sich an einer Schleife mit Zapfen unterm Tisch zu schaffen. Er möchte ja auch mithelfen. Maria und Regina versuchen noch etwas Ordnung in die seit knapp dreißig Jahren angesammelten Weihnachtsglimmerkisten zu bringen, bevor die restlichen Ziergegenstände wieder auf dem Dachboden verschwinden oder so Manches auch ohne mein Wissen im Müll landet. Dann wird Tee gekocht und wir sitzen gemütlich im Lokal, leeren eine Keksdose und stellen fest: Es weihnachtet! Die beiden guten Feen haben unser Lokal wieder in einen wunderschönen Winterzauber verwandelt, aber ich kann's mir nicht verkneifen und zitiere Loriot: „Früher war mehr Lametta."

Südtiroler Marillenstrudel

Kuchenblech: 45 x 30 cm · Backtemperatur: 170 Grad
Backzeit: etwa 1 Stunde · Ruhezeit: 15 Minuten

FÜR DEN TEIG
150 g Mehl
1 EL Vanillezucker
1 Msp. Salz
150 g Topfen oder Quark
150 g Butter, in kleine Würfel geschnitten

Mehl, Vanillezucker, Salz, Topfen und Butter rasch zu einem glatten Teig verkneten. In Klarsichtfolie wickeln und bis zur weiteren Verarbeitung ruhen lassen.

FÜR DIE FÜLLUNG
600 g Vinschger Marillen, geviertelt
80 g Zucker
50 g Haselnüsse, gerieben
25 g Brotbrösel
1 EL Zimt

Marillen mit Zucker, Haselnüssen, Brotbröseln und Zimt in einer Schüssel gut vermengen.
Backpapier (etwa 45 x 30 cm) mit reichlich Mehl bestreuen und den Teig mit dem Nudelholz darauf rechteckig ausrollen.
Die Füllung als Streifen in der Mitte verteilen, auf beiden Seiten am Rand etwa 5 cm frei lassen. Den Teig auf den Längsseiten so einschlagen, dass er sich in der Mitte um einige Zentimeter überlappt. Die beiden Enden gut verschließen. Den Strudel in das Backpapier wickeln, auf das Backblech heben und im vorgeheizten Backofen ungefähr 1 Stunde backen.
Noch etwa 15 Minuten im ausgeschalteten heißen Backofen ruhen lassen.
Vor dem Servieren mit Staubzucker bestreuen und mit Marillen und Blüten garnieren.

ZUM GARNIEREN
Staubzucker
Vinschger Marillen
Essbare Blüten

MEINE TIPPS
Verwenden Sie unbedingt sehr reife, süße Marillen. Unreife Früchte machen den Strudel sehr sauer.
Die perfekte Begleitung für den lauwarmen Strudel ist eine Kugel Vanilleeis.

Wedelwochen

Ja, ja, die guten alten Zeiten auf der Skipiste. Es gab noch den Hüftschwung mit Stockeinsatz; manch fescher Skilehrer hat auch nach Feierabend noch kräftig gewedelt. Klar, diese knackigen, braun gebrannten, uniformierten jungen sportlichen Typen standen bei den Touristinnen hoch im Kurs. Heute wird nur mehr gecarvt und höchstens zwischendurch ein charmantes Kompliment von sich gegeben. Die Burschen sind äußerst seriös und professionell geworden. Früher war es turbulenter beim Skiunterricht. In Sexten gab es einen sehr originellen Skilehrer, der war kein „Kostverächter". Zudem war er frisch verheiratet. Eines Sonntagmorgens fuhr er seine Angetraute zur heiligen Messe. Diese fand im Wagen ein Damenunterwäscheoberteil, hob es erstaunt auf und fragte ihren Gatten: „Könntest du mir vielleicht verraten, was das soll?" Worauf er verschmitzt konterte: „Klar, das sind die neuen Knieschützer für die Skilehrer!"

Was dann passierte – wird man nie erfahren ...

Vanille-Amaretti-Torte

Springform: 24/26 cm Ø · Backtemperatur: 170 Grad
Backzeit: etwa 45 Minuten

FÜR DEN BODEN
200 g Mehl
50 g Bitterkakaopulver
125 g Zucker
1 EL Vanillezucker
1 TL Backpulver
1 Eigelb
125 g Butter, in kleine Würfel geschnitten
2 EL Milch

FÜR DIE CREME
500 ml Milch
70 g Zucker
2 EL Vanillezucker
2 Eigelb
2 EL Speisestärke
½ Bio-Zitrone, Schale abgerieben

WEITERES
100 g Amaretti-Kekse

Mehl, Kakaopulver, Zucker, Vanillezucker, Backpulver, Eigelb, Butter und Milch rasch zu einem glatten Teig verkneten. In Klarsichtfolie wickeln und etwa 30 Minuten im Kühlschrank ruhen lassen.

Milch, Zucker, Vanillezucker, Eigelb, Speisestärke und Zitronenschale in einen Topf geben und mit einem Schneebesen gut verrühren. Unter ständigem Rühren so lange kochen, bis die Creme eindickt. Vom Herd nehmen und auskühlen lassen.

Springform mit Backpapier auslegen. Teig auf einer bemehlten Arbeitsfläche noch einmal kurz durchkneten. Zwei Drittel des Teiges dünn ausrollen und mithilfe des Nudelholzes in die Springform legen. Den Teig am Rand etwa 3 cm hoch andrücken. Amaretti-Kekse zerbröseln und den Mürbteigboden damit bestreuen. Creme daraufgießen und glatt streichen.
Den restlichen Teig ausrollen und als Decke auf die Creme legen. Im vorgeheizten Backofen backen.
Die Torte nach dem Backen sofort mit einem Messer vom Rand der Form lösen. Auskühlen lassen und auf einen Tortenteller heben.

MEIN TIPP
Die Torte ist immer ein Genuss – egal ob kalt oder noch lauwarm.

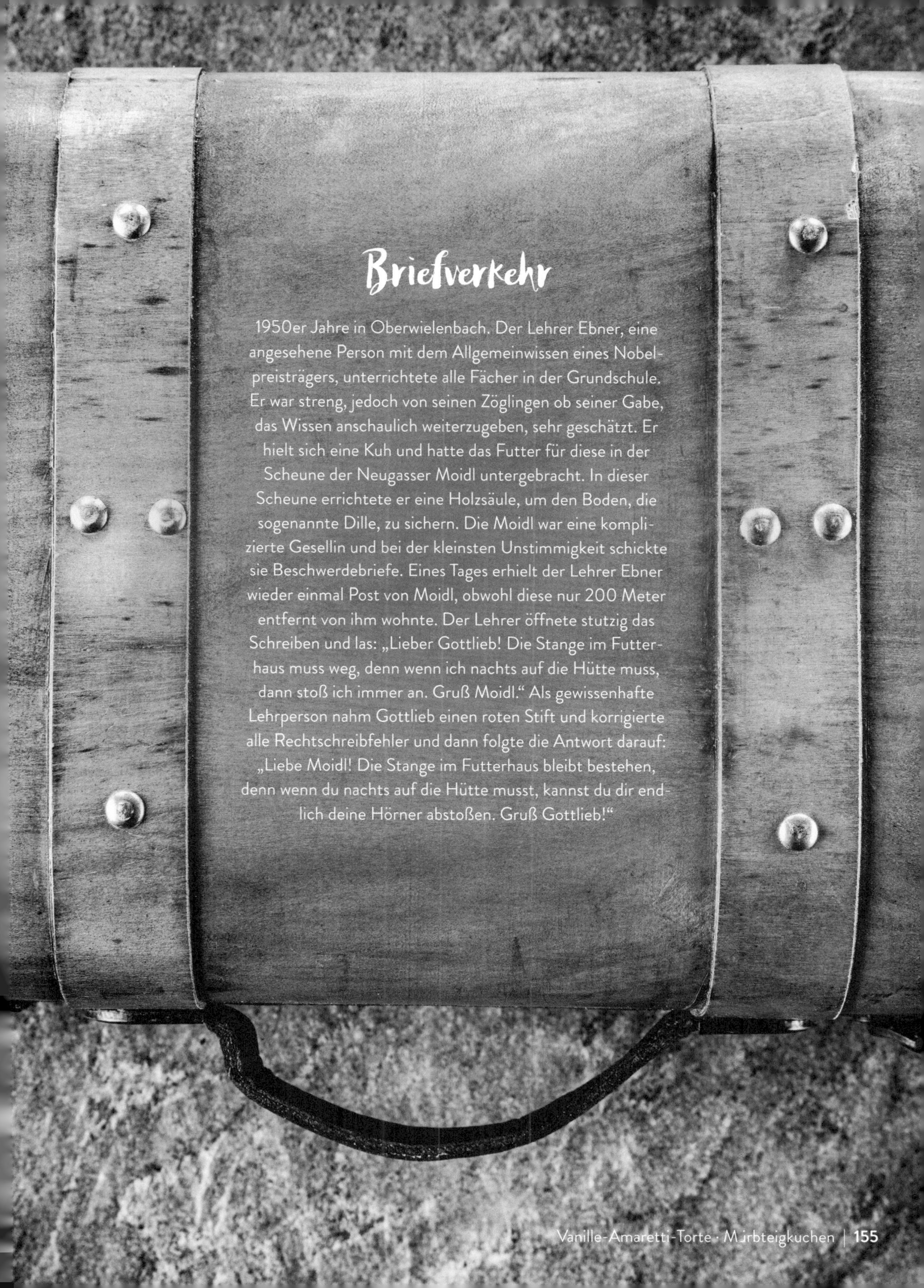

Briefverkehr

1950er Jahre in Oberwielenbach. Der Lehrer Ebner, eine angesehene Person mit dem Allgemeinwissen eines Nobelpreisträgers, unterrichtete alle Fächer in der Grundschule. Er war streng, jedoch von seinen Zöglingen ob seiner Gabe, das Wissen anschaulich weiterzugeben, sehr geschätzt. Er hielt sich eine Kuh und hatte das Futter für diese in der Scheune der Neugasser Moidl untergebracht. In dieser Scheune errichtete er eine Holzsäule, um den Boden, die sogenannte Dille, zu sichern. Die Moidl war eine komplizierte Gesellin und bei der kleinsten Unstimmigkeit schickte sie Beschwerdebriefe. Eines Tages erhielt der Lehrer Ebner wieder einmal Post von Moidl, obwohl diese nur 200 Meter entfernt von ihm wohnte. Der Lehrer öffnete stutzig das Schreiben und las: „Lieber Gottlieb! Die Stange im Futterhaus muss weg, denn wenn ich nachts auf die Hütte muss, dann stoß ich immer an. Gruß Moidl." Als gewissenhafte Lehrperson nahm Gottlieb einen roten Stift und korrigierte alle Rechtschreibfehler und dann folgte die Antwort darauf: „Liebe Moidl! Die Stange im Futterhaus bleibt bestehen, denn wenn du nachts auf die Hütte musst, kannst du dir endlich deine Hörner abstoßen. Gruß Gottlieb!"

Walnussschneckentorte

Springform: 24/26 cm Ø · Backtemperatur: 170 Grad
Backzeit: etwa 1 Stunde

FÜR DEN TEIG
250 g Mehl
1 TL Backpulver
1 EL Vanillezucker
1 Msp. Salz
100 g Butter, in kleine Würfel geschnitten
200 g Topfen oder Quark

Mehl, Backpulver, Vanillezucker, Salz, Butter und Topfen mit der Küchenmaschine (oder mit dem Knethaken des Handrührers) zu einem glatten Teig verkneten. In Klarsichtfolie wickeln unc im Kühlschrank etwa 30 Minuten ruhen lassen.

FÜR DIE FÜLLUNG
100 ml Wasser
50 g Butter
50 g Zucker
1 EL Vanillezucker
2 EL Honig
1 TL Zimt
200 g Walnüsse, gerieben
2 Äpfel, fein geraspelt

Wasser, Butter, Zucker, Vanillezucker, Honig, Zimt und Walnüsse in einem Topf zum Kochen bringen. Unter ständigem Rühren etwa 2 Minuten kochen, vom Herd nehmen und die geraspelten Äpfel unterrühren.

Teig auf einem bemehlten Backpapier (45 x 30 cm) dünn ausrollen. Nussfüllung gleichmäßig darauf verstreichen und mithilfe des Backpapiers aufrollen.
Teigrolle mit einem Sägemesser in 15 etwa 3 cm dicke Stücke schneiden.
Springform mit Backpapier auslegen und die Teigstücke so hineinlegen, dass die Füllung nach oben zeigt.
Im vorgeheizten Backofen backen.

WEITERES
2 EL Aprikosenkonfitüre
2 EL Wasser
Pistazien, gehackt

Aprikosenkonfitüre mit Wasser erwärmen und die warme Walnussschneckentorte damit bestreichen. Mit Pistazien garnieren und auskühlen lassen.

Allerlei Kleinvieh!

Ich bin froh, dass unsere beiden Töchter meine Schwäche für Tiere geerbt haben. Dies hatte zur Folge, dass sie so manches Getier ins Haus brachten. Dreimal dürfen Sie raten, wer diese nach spätestens einer Woche versorgt hat?

Nun, einer dieser Kandidaten war Raul, unser Zwerghamster, ein Kasache. Sandra brachte ihn samt Käfig vom Stegener Markt mit. Nach anfänglichen Protesten meinerseits – von wegen, ich habe keine Zeit und das Tier muss gehegt und gepflegt werden usw. – gab ich ihm erst mal ein Stückchen Karotte: Liebe auf den ersten Blick und es war um mich geschehen. Es dauerte keine Woche und Raul war adoptiert. Als ich zum ersten Mal seinen Käfig säuberte, setzte ich ihn auf unser Sofa und gab ihm ein Stück getrocknete Zucchini. Goldig, wie er dasaß und emsig am Gemüse knabberte. Ich ging ganz kurz hinaus, um den Käfig auszuleeren und als ich zurückkam, war Raul verschwunden. Im Nu hatte er ein Loch ins Sofa gefressen und war dort hineingekrochen.

Zwerghamster sind leider kurzlebig und nach einem Jahr entdeckte ich, dass er seine Zähne verloren hatte. Meine liebe Familie hatte da ihre eigene Theorie: Im November, wenn unser Betrieb geschlossen ist, singe ich manchmal am Computer Karaoke. Das macht mir Riesenspaß. Nur treffe ich nicht immer die richtigen Töne, und das kann nach einiger Zeit ganz schön anstrengend sein. Auf jeden Fall führt dies dazu, dass regelmäßig und ganz leise ein Familienmitglied nach dem anderen den Raum verlässt. Ich bin zwar nicht beleidigt, aber dass auch unser Hund Eddie den Schwanz einzieht und flüchtet, das stört mich schon etwas. Der arme Raul war in seinem Käfig und hatte keine Fluchtmöglichkeit. Also war die Theorie meiner Familie, dass ihm aus Frust über meinen grottenschlechten Gesang die Zähnchen ausgefallen seien. Zwei Monate rieb ich ihm das Futter mit der Kaffeemühle, dann ist er leider eingegangen. Schade, aber um ehrlich zu sein, ohne seine nächtliche „Tour de France" im Hamsterrad lebt es sich nicht schlechter.

Nadia machte einen Anlauf mit einer Tarantel – im pubertierenden Alter findet man die Riesenspinnen anscheinend cool. Eines Morgens entdeckte ich in ihrem Zimmer einen Schuhkarton mit lauter Löchern. Ich drehte völlig durch, traute mich nicht den Karton zu öffnen und wartete, bis die Gute von der Schule heimkam: Der Karton war leer; Nadia hatte bloß testen wollen, wie ich auf eine Tarantel-Überraschung reagieren würde. Das war wohl nichts und unser Haus blieb spinnenfrei.

Obwohl: Einer spinnt immer bei uns!

Zitronen-Schoko-Torte

Springform: 24/26 cm Ø · Backtemperatur: 180 Grad
Backzeit: etwa 45–60 Minuten

FÜR DEN BODEN
100 g Mehl
25 g Bitterkakaopulver
60 g Zucker
1 EL Vanillezucker
1 TL Backpulver
1 Eigelb
60 g Butter, in Würfel geschnitten
2 EL Milch

Mehl, Kakaopulver, Zucker, Vanillezucker, Backpulver, Eigelb, Butter und Milch rasch zu einem glatten Teig verkneten. Springform mit Backpapier auslegen. Den Teig auf einer bemehlten Arbeitsfläche dünn ausrollen und mithilfe des Nudelholzes in die Springform legen. Den Rand dabei etwa 3 cm hoch andrücken.
Form bis zur weiteren Verarbeitung in den Kühlschrank stellen.

FÜR DIE FÜLLUNG
350 ml Sahne
100 g Zucker
2 Zitronen, Saft
3 EL Stärkemehl
4 Eigelb

Sahne mit Zucker steif schlagen. Zitronensaft, Stärkemehl und Eigelb mit den Quirlen des Handrührers unterrühren.
Masse auf dem Boden verteilen und glatt streichen.
Im vorgeheizten Backofen backen.
Kuchen nach dem Backen sofort mit einem Messer vom Rand der Form lösen. Auskühlen lassen und vorsichtig auf einen Tortenteller heben. Mit Staubzucker und kandierten Zitronenscheiben garnieren.

ZUM GARNIEREN
Staubzucker
Kandierte Zitronenscheiben

MEIN TIPP
Bei dieser Torte bleibt Eiweiß über. Das lässt sich problemlos einfrieren und später für ein anderes Tortenrezept, z. B. für die Preiselbeermoussetorte (siehe Seite 37), verwenden.

Allerlei Skiheil!

Als Kind war ich fasziniert vom Skifahren. Ich sah die wenigen Touristen mit ihrer Skiausrüstung, offenen Klammerskischuhen, zwei Meter langen Skiern auf der Schulter und bunten Skioveralls vom Dorflift heimstapfen. Damals wünschte ich mir auch so eine Ausrüstung. Vor allem das Quietschen der Skischuhe beim Gehen hatte mich in seinen Bann gezogen.

Unsere Nachbarmädchen waren einige Jahre älter als ich und meine Freundinnen. Sie schenkten uns drei Paar alte lange Holzskier. Vater schnitzte uns Kerben in die Winterstiefel, um die Schuhe an den Bindungen zu befestigen. Es ist schade, dass ich von unseren ersten Abfahrten von der Stadelbrücke keine Fotos habe. Denn, abgesehen von unserem genialen Schuhwerk, für diesen Zweck trugen wir Röcke und Mäntel; für Hosen war die Zeit damals noch nicht reif. Wir trippelten uns eine tolle Piste – und los ging das Skivergnügen! Erst als wir bis auf die Unterwäsche nass und halb erfroren waren, ging's nach Hause auf den Bauernofen. Erkältung – das war ein Fremdwort.

Diese meine große Leidenschaft ist dann bis zum Christkind vorgedrungen und so fand ich mit sechs Jahren unterm Christbaum ein Paar blaue Holzskier und blaue Skischuhe, mit Klammern wohlgemerkt – eine Sensation! Noch in der Heiligen Nacht bin ich hinterm Haus mit den neuen Brettern umhergetrippelt. Da ich mich nicht ungeschickt anstellte, durfte ich zum Dorflift, Mutter kaufte mir eine Punktekarte. Die ersten drei Versuche am Tellerlift scheiterten. Beim vierten Mal klappte es und ich hatte voller Stolz die erste Liftfahrt geschafft. Kleiner Verkanter gleich am Anfang der Abfahrt und die Bindung war aufgesprungen. Skibremsen gab es noch nicht und so schoss mein blauer Ski die ganze Piste hinunter und blieb kurz vor der Hauptstraße in einem Schneehaufen stecken. Na toll!

Das erste Skirennen fuhr ich mit sieben Jahren, das war ein totaler Flop. Ich hatte nämlich schon vor dem Ziel abgebremst. Alle Zuschauer feuerten mich mit „Weiter, weiter“ an, aber ich konnte mich nicht mehr dazu aufraffen.

Beim zweiten Skirennen verlor ich nach drei Toren meine Mütze und trippelte zurück, um sie aufzuheben. Das Publikum kreischte: „Lass sie liegen, fahr weiter!“, aber nichts da ich ließ doch nicht meine Mütze zurück. Auch diesmal reichte es nicht für einen Preis. Da kann man schon die Freude verlieren ...

Johannisbeer-Grieß-Torte

Springform: 24/26 cm Ø · Backtemperatur: 180 Grad
Backzeit: etwa 45–60 Minuten

FÜR DEN BODEN
125 g Mehl
65 g Zucker
1 EL Vanillezucker
1 TL Backpulver
65 g Butter, in kleine Würfel geschnitten
1 Eigelb
2 EL Milch

Mehl, Zucker, Vanillezucker, Butter, Eigelb und Milch rasch zu einem glatten Teig verkneten.
Den Teig auf einer bemehlten Arbeitsplatte dünn ausrollen.
Springform mit Backpapier auslegen und den Teig mithilfe des Nudelholzes hineinlegen. Den Teig am Rand etwa 3 cm hoch stehen lassen.
Die Springform bis zur weiteren Verwendung in den Kühlschrank stellen.

FÜR DIE FÜLLUNG
250 ml Milch
250 ml Wasser
25 g Butter
1 Msp. Salz
1 EL Vanillezucker
½ Bio-Zitrone, Schale abgerieben
100 g Grieß
3 Eier
50 g Zucker
50 ml Sahne
5 EL Johannisbeerkonfitüre

Milch, Wasser, Butter, Salz, Vanillezucker und Zitronenschale zum Kochen bringen. Grieß mit dem Schneebesen einrühren und etwa 4 Minuten kochen lassen. Vom Herd nehmen und auskühlen lassen.
Eier trennen. Eiweiß mit Zucker steif schlagen. Eigelb und Sahne mit der Grießmasse verrühren. Anschließend unter den Eischnee heben.
Mürbteig mit Johannisbeerkonfitüre bestreichen, die Grießmasse gleichmäßig darauf verteilen und im vorgeheizten Backofen backen.

Die Torte sofort nach dem Backen mit einem Messer vom Rand der Form lösen. Auskühlen lassen, auf eine Tortenplatte heben und mit Johannisbeerkonfitüre garnieren.

ZUM GARNIEREN
2 EL Johannisbeerkonfitüre oder frische Johannisbeeren

Urgroßmutter einmal anders

Mein Vater hat uns eigentlich wenig von seiner Oma erzählt. Vielleicht deswegen, weil sie eine etwas raue Gesellin war. Streit mit dem Nachbarn hat sie angeblich nicht mit Worten, sondern mit Fäusten geregelt. Einmal soll sie den Nachbarn arg zugerichtet haben.

Im fortgeschrittenen Alter kam zu ihrer dickköpfigen, rauen Umgangsart auch noch eine leichte Verkalkung – oder Hirnerweichung, wie man damals zu sagen pflegte – dazu, und so wurde es für ihre Mitmenschen nicht gerade einfacher.

Einmal wurde Urgroßmutter im Garten ohnmächtig. Meine Oma, also ihre Schwiegertochter und meine Tante schleppten sie mit letzten Kräften über die Stufen auf die Terrasse und ins Haus. Als sie den Flur mit Mühe erreicht hatten, schlug Urgroßmutter die Augen auf und fragte: „Darf ich jetzt endlich wieder aufstehen?“

Quark-Schokostreusel-Torte

Springform: 24/26 cm Ø · Backtemperatur: 180 Grad
Backzeit: etwa 45–60 Minuten

FÜR DEN BODEN

200 g Mehl
50 g Bitterkakaopulver
1 TL Backpulver
125 g Zucker
1 EL Vanillezucker
125 g Butter, in kleine Würfel geschnitten
1 Ei
1 EL Milch

Mehl, Kakaopulver, Backpulver, Zucker, Vanillezucker, Butter, Ei und Milch rasch zu einem glatten Teig verkneten.
Auf einer bemehlten Arbeitsfläche etwa zwei Drittel vom Teig dünn ausrollen. Den restlichen Teig beiseitestellen.
Springform mit Backpapier auslegen. Den Teig mithilfe des Nudelholzes hineinlegen und etwa 3 cm hoch am Rand der Form festdrücken.
Form bis zur weiteren Verarbeitung in den Kühlschrank stellen.

FÜR DIE FÜLLUNG

3 Eiweiß
125 g Zucker
1 EL Vanillezucker
½ Bio-Zitrone, Saft und Schale
500 g Quark oder Topfen
1 EL Stärkemehl
3 Eigelb
125 g Butter, geschmolzen

Eiweiß mit der Küchenmaschine (oder den Quirlen des Handrührers) leicht schaumig schlagen. Zucker einrieseln lassen und so lange weiterschlagen, bis der Eischnee steif und glänzend ist.
Von der Zitrone vorsichtig etwas Schale abreiben, Saft auspressen und zusammen mit Vanillezucker, Quark, Stärkemehl, Eigelb und Butter vorsichtig unter den Eischnee rühren.
Die Quarkmasse auf den Mürbteigboden geben und glatt streichen.
Den restlichen Teig mit den Fingern zerreiben und auf die Quarkfüllung streuen. Im vorgeheizten Backofen backen.
Die Torte sofort nach dem Backen mit einem Messer vom Rand der Form lösen und auskühlen lassen.

Zwillinge

Es waren die fernen 1930er Jahre und meine Santer-Oma war in „anderen Umständen“ – so nannte man damals eine Schwangerschaft. Da es keine ärztlichen Visiten gab, wurde der Geburtstermin von der Hebamme ungefähr ausgerechnet, auch Ultraschall war noch kein Thema.
Oma befand sich gerade auf dem Scheunenaufgang des Hofes bei der Arbeit, als die alte Nigglamutter vom Nachbarhof, deren Schwiegertochter auch in guter Hoffnung war, ihr laut zurief: „Moidl, Moidl, stell dir vor, wir haben letzte Nacht Zwillinge bekommen. Zwei Buben!“ Oma erschrak über diese Nachricht dermaßen, dass ihr augenblicklich das Wasser brach und die Wehen einsetzten und sie eine gesunde Tochter, meine Tante Anna, gebar.

Glossar

Agar-Agar: Geliermittel aus Rotalgen, das keine Kalorien enthält und vollständig vom Körper abgebaut wird. Um 500 ml Flüssigkeit gelieren zu lassen, braucht man 2–3 g Agar-Agar. Im Gegensatz zu Gelatine muss Agar-Agar in kochender Flüssigkeit aufgelöst werden.

Aprikosen [Marillen]: Wenn Sie im Sommer nicht wissen, was Sie mit den vielen reifen Aprikosen anfangen sollen, frieren Sie die gelben Früchte einfach ein. Sie können dann auch im Winter einen leckeren Marillenstrudel genießen. Wiegen Sie die im Rezept angegebene Menge ab, waschen Sie die Früchte und reiben Sie sie trocken. Die entsteinten und geviertelten Aprikosen sollten Sie nebeneinander auf ein Blech legen und anfrieren lassen. Geben Sie die angefrorenen Früchte in geeignete Behälter und lagern Sie sie in der Tiefkühltruhe. Tiefgekühlte Aprikosen sind ungefähr neun Monate haltbar.

Backpulver: Ich verwende hauptsächlich Weinsteinbackpulver, ein natürliches Backpulver, das im Bioladen oder in gut sortierten Supermärkten erhältlich ist. Wenn Sie kein Weinsteinbackpulver bekommen, können Sie alle Rezepte auch mit gewöhnlichem Backpulver zubereiten. Allerdings sollten Sie die angegebene Menge nicht überschreiten.

Buchweizenmehl: Es ist glutenfrei und für Menschen mit Zöliakie gut verträglich. Das liegt daran, dass Buchweizen kein Getreide, sondern ein Knöterichgewächs ist. Im Handel wird es in den Mahlgraden fein, mittel oder grob angeboten. Nehmen Sie zum Backen fein gemahlenes Buchweizenmehl.

Butter: Ich verwende wegen ihres Geschmacks immer Butter. Wenn Sie jedoch laktoseintolerant sind oder Herz-Kreislauf-Probleme haben, ersetzen Sie die Butter einfach durch eine hochwertige Pflanzenmargarine aus dem Bioladen.

Cranberrys: Es gibt auch einen deutschen Namen für die kleinen roten Früchte: Moosbeeren oder Kranbeeren. Cranberrys haben einen herben, säuerlichen Geschmack, ähnlich wie Preiselbeeren, und werden meist getrocknet verkauft. Man kann die gesunden, vitaminhaltigen Früchte beim Backen an Stelle von Rosinen verwenden.

Eier: Eier gibt es in verschiedenen Größen:
XL = sehr große Eier (über 70 g), L = große Eier (63–70 g), M = mittelgroße Eier (53–63 g) und S = kleine Eier (unter 53 g). Ich verwende immer Eier der Größe M.

Gelatine: Ich verwende Gelatineblätter mit einem Gewicht von 2,2 g pro Blatt. Sollten Ihre Gelatineblätter kleiner oder größer sein oder wollen Sie gemahlene Gelatine (Gelatinepulver) verwenden, dann müssen Sie dies bei der Zubereitung berücksichtigen. Achten Sie auf das richtige Verhältnis von Gelatine und Flüssigkeitsmenge!

Haselnüsse, Mandeln oder Walnüsse: Nüsse werden schnell ranzig oder schimmelig. Reiben Sie sie deshalb nach Möglichkeit immer erst kurz vor der Verwendung.

Milchreisreis: Für Milchreis eignet sich Rundkornreis (z. B. Arboio, Carnaroli) mit einem hohen Stärkeanteil, der beim Kochen schön cremig wird.

Mohn: Die ölhaltigen Samen verderben schnell und sollten immer frisch gemahlen werden.

Nougat: Dunkler Nougat oder Gianduia besteht aus Haselnüssen, Zucker und Schokolade. Das Verhältnis der Zutaten bestimmt die Konsistenz und den Geschmack des Nougats.

Quark: Den aus Milch und Lab hergestellten Weißkäse gibt es in verschiedenen Fettstufen, und zwar als Magerquark (unter 10 % Fett i. Tr.) oder Quark mit 20 % Fett i. Tr. (Halbfettstufe) bzw. 40 % Fett i. Tr. (Fettstufe). Im Unterschied zu Topfen ist Quark meist cremiger und besitzt einen höheren Wasseranteil.

Rhabarber: Wussten Sie, dass Rhabarber eigentlich zu den Gemüsen zählt? Er ist sehr reich an Vitamin C, aber auch an Oxalsäure. Deshalb sollte Rhabarber nicht roh gegessen werden, sondern am besten zusammen mit Milchprodukten. Wenn Sie die roten oder grünen Stangen mit einem scharfen Messer in kleine Stücke schneiden, erübrigt sich das Schälen. Rhabarber hat von April bis Juni Saison.

Ricotta: Der Frischkäse wird aus Molke hergestellt. Er ist sehr fettarm und nährstoffreich.

Sauerrahm [Schmand]: Saure Sahne ist mit Milchsäurebakterien versetzte frische Sahne, die einen säuerlichen Geschmack und eine cremige Konsistenz hat. Zum Backen (oder auch Kochen) sollten Sie Sauerrahm mit einem hohen Fettgehalt verwenden.

Schokolade: Für Kuchen und Torten nimmt man am besten Bitterschokolade. Je höher der Kakaoanteil, desto besser. Allerdings hat diese Qualität ihren Preis. So mancher Schokotraum gelingt aber auch mit Schokolade, deren Kakaogehalt bei 40 % liegt.

Topfen [siehe Quark]: Topfen hat im Gegensatz zu Quark einen geringeren Wassergehalt. Wenn man keinen Topfen bekommt, kann man ihn durch gut abgetropften Magerquark ersetzen.

Vanillezucker: Machen Sie sich Ihren Vanillezucker am besten selber. Dann wissen Sie, dass keine künstlichen Aromastoffe enthalten sind. Dazu legen Sie eine aufgeschlitzte und ausgekratzte Vanilleschote (mit dem Vanillemark) in ein Schraubglas mit Zucker. Vanille sollte wegen seiner ätherischen Öle immer erst zum bereits fertigen Teig oder zur geschlagenen Sahne gegeben werden.

Wally: Liebevolle Abkürzung für Waltraud. Auch bei ihr hat sich im Laufe der Jahre der Fettanteil leicht erhöht, sie ist aber immer noch gut genießbar und humorvoll.

Gutes Gelingen und viel Spaß!

HINWEIS

Alle Angaben des Buches sind sorgfältig erwogen und geprüft; dennoch kann eine Garantie für die inhaltliche Richtigkeit der Informationen oder deren rechtliche Zulässigkeit nicht übernommen werden. Eine Haftung der Autorin bzw. des Verlags und dessen Beauftragter für Personen-, Sach- und Vermögensschäden, die aus der Verwendung der Informationen entstehen, ist ausgeschlossen.

BIBLIOGRAFISCHE INFORMATION DER DEUTSCHEN NATIONALBIBLIOTHEK

Die Deutsche Nationalbibliothek verzeichnet diese Publikation in der Deutschen Nationalbibliografie; detaillierte bibliografische Daten sind im Internet abrufbar:
http://dnb.d-nb.de

2018

Rezepte & Texte: Waltraud Tschurtschenthaler
Fotos, Foodstyling: Klaus Peterlin, www.klauspeterlin.com
Design & Layout: Nadia Huber, www.nadia-huber.com
Lektorat: Kathrin Kötz
Druck: Athesia Druck, Bozen

ISBN 978-88-6839-307-6

www.athesia-tappeiner.com
buchverlag@athesia.it

designed + produced
IN SÜDTIROL

Evi

Recipes
flour
butter
MILK
oil